CAROLAS EKOKÖK

CAROLAS EKOKÖK

MAT SOM SMAKAR PÅ RIKTIGT

Carola Magnussons tidigare utgivna titlar
Ekologisk mat i storkök – sagt och gjort av Carola Magnusson, LTs förlag i Stockholm, 1998.
Manna – en medveten kokbok, Bokförlaget Langenskiöld, 2005.

Recept: Carola Magnusson. Text: Barbro Henning. Grafisk form: Jan & Ann-Marie Thunell, K2AB.
Foto: Gunnar Bergkrantz. Repro och tryck: Fälth & Hässler 2008.

Bokförlaget Langenskiöld. Östermalmsgatan 2, 114 24 Stockholm.
www.langenskiolds.se

ISBN 978-91-976680-5-7

"Att få äta mat fri från syntetiska tillsatser som smak- och färgämnen, ser jag som en mänsklig rättighet för mina matgäster. Stora som små."

När jag för tretton år sedan som "mattant" i mitt första skolkök började ifrågasätta den industrimat som transporterades varm till skolan var det inte många som lyssnade. Vid den tidpunkten talade man om att bygga ett "cook'n chill kök" som skulle serva alla enheter i hela stadsdelen. Samtidigt pågick diskussioner om miljöarbete under namnet Agenda 21, men det handlade mest om sopsortering. Då såg jag min chans och skrev en handlingsplan där matlagning nära gästen och inköp av ekologiska råvaror ingick. Jag ville laga mat på plats och från grunden, trots att jag bara hade ett mottagningskök. Sagt och gjort. Eleverna upptäckte att skolmat kunde smaka gott, åt mer och orkade hänga med på lektionerna. Dessutom, och det var avgörande för beslutsfattarna, blev det inte dyrare!

När jag började laga mat på ekologiska råvaror upptäckte jag den enorma smakskillnaden och är sedan dess för evigt hängiven det ekologiska köket. Efter många år i motvind börjar nu tiden bli mogen för en större acceptans av mina idéer. Att få äta mat fri från syntetiska smak- och färgämnen samt konsistensgivare, ser jag som en mänsklig rättighet. Ambitionen är att använda så många ekologiska och närproducerade råvaror som möjligt. Allt lagas från grunden. Hel- och halvfabrikat används i minsta möjliga mån.

Med den här boken vill jag dela med mig av mina tankar kring goda råvaror och hur de kan tillagas på ett enkelt och gott sätt. Jag har rangordnat kapitlen i fallande ordning med hänsyn till hur djuren belastar vår miljö. Det finns naturligtvis andra beräkningsgrunder att rangordna efter, man kan till exempel utgå från sin egen smak. I mitt fall skulle det då bli lamm, fisk, gris, nöt, vilt och sist, kyckling.

Under varje rubrik finns ett flertal recept som kan kombineras efter tycke och smak. Du kan med fördel servera enbart det vegetariska alternativet och utesluta kött, fisk och fågel, men inte tvärtom. Grönsaker och baljväxter belastar miljön minst. Jag vill också lyfta fram det goda brödet bakat på enbart ekologiska spannmål. Varje kapitel avslutas med ett brödrecept som givetvis kan kombineras med rätter från andra kapitel.

Låt Dig inspireras till en god och vällagad måltid, fri från syntetiska tillsatser.

Våra barn har rätt till nyttig och ren mat!

Hur får man sina barn att äta grönsaker och prova ny mat? Den springande punkten är våra egna fördomar om vilken mat som är lämplig för barn. Vi lägger redan en skepsis i botten när vi presenterar nya råvaror. Jag själv kunde väl aldrig drömma om att vår lilla Ebba efter bara tredje gången av ostronavsmakning skulle utbrista "Åh mamma, det här är ju gott!"

Ny mat är främmande för alla, oavsett ålder. För mig är det självklart att alla ska ha samma chans till avsmakning och att "ny mat" ska finnas tillgänglig, redan från start. När utbudet av färdig barnmat på våra butikshyllor är så stort känns det kanske säkrare för nyblivna föräldrar att ge sitt barn burkmat som lovar att "innehålla allt". Men tänk vilken skillnad det blir med riktiga smaker och färger. Med dagens matberedare och mixers går det hur enkelt som helst att mosa och finfördela grönsaker, fisk, frukt och annat. Dessutom behövs inga tillsatser. Med lite planering och framförhållning ger man sitt barn möjlighet att vänja sig vid det äkta.

En god vän berättade för mig att hon vid ett restaurangbesök hittat en larv i broccolisoppan hon hade beställt. - Kan du tänka dig något så äckligt, utbrast hon indignerat. De flesta är nog benägna att hålla med. Men om vi tänker efter så borde vi uppröras lika mycket över giftbesprutad broccoli, som kan orsaka cancer många år senare ... Tänk vilken uppståndelse det blev när Konsums reklamkampanj för renare mat visade en man med giftsprutan i högsta hugg som gick runt bland restaurangborden och besprutade allas matportioner!

I Mexico har det berättats om fall där sexåriga flickor börjat menstruera. Misstankarna går till det hormonbehandlade kycklingköttet. Är det så att vi människor håller på att bli våra egna fiender? Vi dödar kryp i det ekologiska systemet och sätter upp alltför generösa gränsvärden för tillåtna tillsatser.

Kanske är det dags att prioritera vår tid lite annorlunda? Visst är det viktigt med motion, men ett gympass i veckan skulle nog kunna bytas ut mot lite mer matlagning.

När det finns så många bra råvaror kan man undra varför så många av dem går till fabriker, behandlas med tillsatser och förstörs, när vi istället kan handla dem färska och tillaga dem som vi önskar? Vi köper gärna ett gott vin och är beredda att betala för kvalitet. Varför är det då så svårt att tänka på samma sätt när det gäller kvalitativt kött?

Jag fortsätter kampen för ren mat utan tillsatser.

CAROLAS TIO TESER

”Vi kan alla påverka miljön runt omkring oss. Om varje person väljer något ekologiskt varje gång han eller hon handlar kommer jorden på sikt att må bättre.”

1. Satsa på ekologiska, KRAV-märkta alternativ.
2. Våra barn har rätt till nyttig och ren mat, nu och alltid.
3. Läs innehållsdeklarationer och ta reda på vad du stoppar i dig. Välj bort produkter som innehåller syntetiska tillsatser.
4. Alla ska ha chans att få ta del av ”nya smaker”.
5. Laga maten från grunden, inga hel- och halvfabrikat.
6. Tag tillvara och släng mindre mat! Inget ska behöva gå till spillo, med lite fantasi kan man göra mycket av rester.
7. Vi får inte störa naturens kretslopp genom utsläpp som förgiftar.
8. Genmanipulation - nej tack!
9. Minska på portionsstorleken av kött och fisk och ät i stället mer grönsaker – det sliter mindre på miljön.
10. Köp inte flaskvatten!

VILT

LÄTT ATT TÄMJA

"Jag var från början inte särskilt förtjust i viltkött, men med rätt tillbehör, till exempel renskav med tamari, blir det ljuvligt. En helt ny smakupplevelse."

Magert och vitaminrikt på tallriken

Ur miljö- och hälsosynpunkt är vilt det bästa köttet för oss människor. Viltstammen består nämligen av frigående, naturbetande djur som lever i sin naturliga miljö och livnär sig på ekologisk föda. Viltkött är magert, vitaminrikt (A,B,C och E), och mineralrikt (järn, selen, kalcium med flera). Fetthalten är omkring tre procent och av det fleromättade slaget. Proteinhalten är omkring tjugo procent.

Älg

Gamla grottmålningar vittnar om att även våra förfäder hade smak för det goda älgköttet. Gör vi ett hopp framåt i historien säger myten att under Gustav II Adolfs tid gjordes försök att tämja älgar för krigsmakten som hade behov av riddjur under trettioåriga kriget. Försöket misslyckades naturligtvis. Att tämja en älg låter sig bättre göras på tallriken.

Älgen är en idisslare som under sommaren livnär sig på blad, skott och mindre kvistar av bland annat asp, sälg, rönn, ek och björk. På hösten kompletteras födan med blåbärsris och ljung. På vintern med tallris, enris och kvistar. Att hitta färskt älgkött i butiken är långt ifrån självklart. Man gör säkrast i att hålla sig väl med en jägare bland vänner och bekanta.

Ren

Renen lever ett fritt liv och enbart på naturens bete utan tillskott av antibiotika. Och tänk vad naturen är vis. Hos vissa renar finns vid hornens spets en skovel, för att rensa marken från snö så att renen kan komma åt sin föda på vintern. Vildrenen har varit utrotad i Sverige sedan 1800-talet. Av tamrenen finns det två slag: fjäll- och skogsren.

Den vandrar mellan olika årstidsbeten. På sommaren äter den örter och proteinrikt gräs och på hösten tillkommer svamp och andra växter i dalgångarna. Under vintern flyttar den österut till lavarika skogsområden.

Renlycka är varumärket för renkött från samebyarna i Sverige. Det står för samiskt ursprung, trovärdighet, omsorg om djur och natur och smakupplevelse. Det är renkött producerat med känsla för smak, kvalitet och kulturarv.

Hjort

"Som hjorten trängtar efter färskt vatten, så trängtar min själ efter dig, min Gud." (Ur Psaltaren 42:2). I nordisk mytologi kan man se fyra hjortar beta knoppar och blad från världsträdet Yggdrasil. Människan började tidigt i historien jaga hjortdjur för dess kött och päls.

Hjorten tillhör samma familj som ren, rådjur och älg och är liksom de övriga växtätare. Idag sker den svenska uppfödningen av hjort i cirka 600 hägn. Länsstyrelsen är tillsynsmyndighet. Det förekommer tuberkulos hos hjort i hägn. Min fundering är om hjort tillhör vilt eller tamboskap?

Älgköttbullar med kärleksvatten

5 – 6 portioner

500 g älgfärs
5 majrovor, små och mjälla
½ dl olivolja
1 liten gul lök eller ½ större
rapsolja att steka i
1 dl rivet bröd från gårdagen
1 ägg
½ dl kärleksvatten
1 ½ msk rödvinsvinäger
1 nypa cayennepeppar
svartpeppar från kvarnen
havssalt

GÖR SÅ HÄR

Skala och skär majrovorna i klyftor.

Lägg på plåt, salta och ringla över olivolja. Sätt in i ugnen på 225 grader i ca 10 minuter.

Skala och hacka den gula löken, bryn den i lite rapsolja.

Lägg lök, rivet bröd, ägg, kärleksvatten, rödvinsvinäger, cayennepeppar, salt och svartpeppar i mixern och kör till en slät massa.

Blanda samman noga med älgfärsen.

Gör ett litet stekprov och smaka av innan du steker allt.

Fukta dina händer och rulla till köttbullar. Stek i rapsolja i stekpanna eller i ugn på 200 grader.

Servera gärna tillsammans med Potatis- och svamplådan (recept sidan 20) och de rostade majrovorna som tillbehör.

Kärleksvatten

en glasflaska med skruvkork
en vit papperslapp, 5 x 2 cm
en tuschpenna
tejp

GÖR SÅ HÄR

Skriv ordet kärlek med tuschpenna på den vita lappen. Tejpa fast den på glasflaskan med texten inåtvänd. Fyll flaskan med kranvatten och skruva på korken. Låt flaskan stå i rumstemperatur över natten. Detta vatten smakar av kärlek.

Vill du veta mer om kärleksvatten och vattnets betydelse, läs den japanske läkaren och forskaren Masuro Emotos bok "Vattnets dolda budskap".

Rotsaksplättar med rårörda lingon

5 – 6 portioner

4 potatisar
2 morötter
1 palsternacka
¼ stor rotselleri
4 små schalottenlökar eller 1 bananschalottenlök
2 ägg
2 msk stenmalet dinkelmjöl
havssalt
svartpeppar från kvarnen
smör till stekning

GÖR SÅ HÄR

Skala och riv alla rotsaker på den fina sidan av rivjärnet.

Skala och hacka löken.

Blanda samman allt med ägg och dinkelmjöl, salta och peppra.

Stek till små plättar i smör.

Servera med rårörda lingon.

Rårörda lingon

1 pkt frysta lingon
råsocker

GÖR SÅ HÄR

Lägg de frysta lingonen i en skål.

Häll över råsocker och låt stå och smälta.

Rör samman när lingonen är helt tinade och sockret smält.

Renskavswok med tamari

5 – 6 portioner

Du som normalt inte gillar rensmak – prova detta!
Tamari är en fyllig mörk sojasås gjord utan vete.

1 pkt fryst renskav, 480 g
2 – 3 msk rapsolja att woka i
1 gul lök
1 dl tamari
havssalt
svartpeppar från kvarnen
2 portabellosvampar
15 shitakesvampar
1 palsternacka
1 morot
½ butternutsquash (liten släkting till pumpan)
1 stånd broccoli

GÖR SÅ HÄR

Skala och båta den gula löken tunt.

Torka av svamparna och strimla portabellon. Behåll shitaken hel eller halvera den.

Skala palsternacka, morot och butternutsquash.

Skär i olika former i wokvänlig storlek.

Ansa och tvätta broccolin, använd även stjälken. Om den har ett hårt segt skal, tag bort det med potatisskalare så blir den mjäll och fin.

Fräs svampen ganska hårt i rapsolja så att all vätska försvinner. Lägg åt sidan.

Fräs sedan renskav och gul lök i rapsolja, smaksätt med tamari, salt och peppar.

Fräs övriga ingredienser förutom broccolin. Smaksätt med salt och peppar.

Koka broccolin i lite lättsaltat vatten: Koka upp endast 2 cm vatten i botten på kastrullen och lägg i broccolibuketterna. Lägg på lock och ångkoka ca 4 minuter. Häll av det lilla vatten som återstår.

Blanda alltsammans i en stor skål eller wokpanna.

Potatis- och svamplåda

5 – 6 portioner

10 potatisar, ca 625 g
200 g svamp av valfri sort
havssalt
vitpeppar från kvarnen
1 gul lök

GÖR SÅ HÄR

Skala och skiva potatisen tunt.

Borsta och skiva svampen. Stek den tills vattnet har dunstat bort.
Salta och peppra.

Skala och skiva den gula löken.

Gör parmesansåsen.

Varva potatis, svamp och lök i en eldfast form.
Häll över parmesansåsen och grädda i ugnen på 180 grader i ca 50 minuter.

Parmesansås

2 dl parmesan eller svensk lagrad ost
2 msk rapsolja
3 msk dinkelmjöl
5 dl mjölk
1 nypa vitpeppar från kvarnen
1 nypa cayennepeppar
1 tsk vitvinsvinäger
havssalt

GÖR SÅ HÄR

Riv osten på den grova sidan av rivjärnet.

Häll rapsoljan i en kastrull och gör en bottenredning med dinkelmjölet.
Häll på mjölken och vispa så att det inte blir klumpar.
Koka upp för att mjölsmaken ska försvinna.

Tillsätt den rivna osten och låt sjuda så den smälter in i såsen.

Smaksätt med vitpeppar, cayennepeppar, vitvinsvinäger och havssalt.

Hjortstek med kaffe och stjärnanis

5 – 6 portioner

Kombinationen stjärnanis och kaffe ger en oanad smakupplevelse!

1 kg hjortstek
rapsolja till stekning
1 msk havssalt
svartpeppar från kvarnen
1 gul lök
½ l vatten
1½ dl bryggkaffe
2 stjärnanisar
2 rödlökar

GÖR SÅ HÄR

Bryn hjortsteken runt om i lite rapsolja i het stekpanna eller i stekgryta, salta och peppra.

Skala och dela den gula löken mitt itu, lägg ner den tillsammans med steken.

Häll på vattnet och kaffet, tillsätt stjärnanisen och stick i en stektermometer.

Låt alltsammans bräsera under lock tills steken mäter 58 grader i innertemperatur.

Ös steken med kaffeskyn 3 – 4 gånger under bräseringstiden.

GÖR GARNITYRET

Skala rödlökarna och skär dem i båtar. Stek dem i lite rapsolja, salta och peppra.

Linda in steken i aluminiumfolie medan du gör såsen.

Sås på skyn

all sky från steken, ca 4 dl
½ dl grädde
havssalt
svartpeppar från kvarnen

GÖR SÅ HÄR

Tag bort stjärnanisen. Mixa sky och grädde med den gula löken som kokat med, den reder såsen.

Smaka av med salt och peppar.

HUR GÖR MAN NÄR MAN BRÄSERAR?

Då bryner man köttet i fett och därefter får det koka färdigt under lock med litet vätska och på svag värme.

Ljummen potatissallad med limemarinerad rödlök

5 – 6 portioner

Den här salladen passar till både vilt och grillat – så enkel att göra.
Jag älskar att lägga den på knäcke dagen efter!

1 kg Asterixpotatis, eller annan fast sort
½ dl vit balsamicovinäger
1 dl olivolja
havssalt
svartpeppar från kvarnen

GÖR SÅ HÄR

Skala och klyfta potatisen. Om den har tunt fint skal behåll det gärna. Koka klyftorna i lättsaltat vatten. De ska absolut inte gå sönder utan vara "al dente". Häll av vattnet och ånga dem lätt så att klyftorna blir torra.

Blanda samman vinäger och olivolja till en vinägrett.
Salta och peppra och häll den över de varma potatisklyftorna.

Marinerad rödlök

Enkelt och gott!

2 rödlökar
1 limefrukt, saft och skal
havssalt

GÖR SÅ HÄR

Skala rödlökarna och skär dem tunt i båtar.

Riv det gröna limeskalet och pressa limesaften. Strö havssaltet på de tunna lökbåtarna, blanda med limeskal och saft och krascha varsamt löken mellan händerna så att de blir slaka och tar mycket smak av limen.

Strö dem över potatisen och du har en ljuvlig potatissallad.

Hjortfärsburgare med friterad lök, bacon och ostronskivling

5 – 6 portioner

Servera gärna med friterad potatis (se sidan 62) och blåbärsbrödet (se sidan 32).

500 g hjortfärs
1 liten gul lök
rapsolja till stekning
1 ägg
1 dl av gårdagens bröd
½ dl vatten
1½ msk vit balsamicovinäger
1 nypa cayennepeppar
1 stor nypa torkad timjan, söndersmulad
havssalt
svartpeppar från kvarnen

GÖR SÅ HÄR

Skala och hacka löken, stek i lite rapsolja tills den blir mjuk.

Lägg ägg, bröd, vatten, vinäger och kryddor i mixern och kör till en slät massa.

Blanda samman med hjortfärsen.

Gör ett stekprov och smaka av, krydda mer om det behövs. Forma till burgare och stek i rapsolja.

Tillbehör

10 baconskivor, gärna från Fastmyra gård eller annat ekologiskt alternativ
2 klumpar ostronskivling
havssalt
1 stor gul lök
rapsolja till fritering

GÖR SÅ HÄR

Stek baconskivorna men spara fettet.

Riv loss svamparna från varandra, skölj snabbt av dem och torka med papper.

Stek svampen i baconfettet och salta på den.

Skala och båta löken tunt. Fritera den i lite rapsolja på medelhög värme tills den blivit gyllenbrun. Lyft ur den med hålslev och lägg på hushållspapper så att överflödig olja sugs bort.

Potatis- och rotsellerisoppa med äppelbruschetta

5 – 6 portioner

Detta är en både billig och god rätt. Den lite knasiga smakblandningen kanel – pepparrot är en höjdare!

1 l vatten
havssalt
6 potatisar
½ stor rotselleri
1 gul lök
2 msk vitvinsvinäger
1 nypa cayennepeppar
½ dl mjölk eller grädde

GÖR SÅ HÄR

Koka upp vatten och havssalt i kastrullen samtidigt som du skalar potatis, rotselleri och gul lök. Dela i mindre bitar och lägg i det kokande vattnet.

Koka bitarna mjuka, ca 30 minuter beroende på storleken.

Mixa allt till en slät soppa, tillsätt mjölk och smaka av med kryddorna.

Äppelbruschetta

5 – 6 skivor rostat bröd
2 stora äpplen, t ex Aroma
1 msk smör att steka i
1 liten nypa havssalt
1 tsk kanel
1 cm fint riven pepparrot

GÖR SÅ HÄR

Rosta brödet. Skölj äpplena och tärna dem med skalet på. Stek i smör och krydda med havssalt och kanel. Lägg blandningen på brödet, riv lite pepparrot på toppen och servera till soppan.

Viltpytt med röd linshoummos

5 – 6 portioner

Inget får gå till spillo – här tar vi vara på alla goda köttrester! Att skära löken i båtar gör det lättare för de barn som inte gillar lök att peta bort den, den goda smaken finns ändå kvar.

½ kg potatis
2 morötter
3 små rödlökar
goda köttrester från tidigare måltider
rapsolja till stekning
havssalt
svartpeppar från kvarnen

GÖR SÅ HÄR

Skala potatis, morot och rödlök.

Tärna potatis och morot.

Båta den röda löken, det är fint med olika former.

Tärna blandade köttrester, gärna från olika köttslag, det är gott att blanda.

Stek potatis och morot i rapsolja tills de är nästan mjuka.

Tillsätt den båtade rödlöken och köttärningarna.

Fortsätt steka tills allt är varmt. Salta och peppra.

Servera med röd linshoummos.

Röd linshoummos med rosmarin

1½ – 2 dl röda linser (3 dl kokta)
4 msk olivolja
1 dl vatten
½ citron, skal och saft
½ tsk havssalt
1 msk rosmarin, finhackad eller torkad och söndersmulad
½ tsk svartpeppar från kvarnen

GÖR SÅ HÄR

Blötlägg de röda linserna på morgonen innan du går till jobbet.

Koka dem ca 5 minuter i lättsaltat vatten.

Låt dem svalna och kör sedan i matberedare tillsammans med olivolja, vatten, skal och saft från citron samt kryddor. Smaka av och tillsätt mer av det du tycker fattas för din personliga smak. Kör hoummosen länge så den blir alldeles sammetslen.

Blåbärsbröd

5 – 6 portioner

Att blanda blåbär i brödet är värt allt besvär.
Prova det till getost till exempel – en oslagbar kombination!

½ l vatten
1 dl blåbärsjuice från Saxhyttan
50 g jäst
1 l stenmalet vetemjöl, ca 750 g
20 g havssalt
3 dl frysta blåbär

GÖR SÅ HÄR

Blanda vatten, blåbärsjuice, jäst och vetemjöl, helst i en degblandare.

Låt blanda ca 15 minuter. Tillsätt salt och frysta blåbär.
Blanda ytterligare 2 minuter.
Låt jäsa till dubbel storlek under kökshandduk.

Dela degen i 4 lika stora delar och forma med varsam hand baguetter.

Överarbeta inte utan låt så mycket som möjligt av koldioxiden i degen vara kvar så får du ett härligt luftigt bröd.

Grädda på 250 grader i ca 4 minuter, sänk temperaturen till 190 grader och grädda i ytterligare 10 minuter.

Om du vill ha en härligt hård och krispig yta, spruta vatten över bröden med en blomspruta medan de gräddas.

Tag ut bröden men lägg ingen kökshandduk över utan låt dem ligga fritt så behåller du den krispiga ytan.

FISK

UTROTNINGSHOTAD
ELLER FRAMTIDENS FAVORIT?

"Tills vi löst problemet med utfiskning får vi hålla till godo med odlad fisk eller godkända sorter. Odlad fisk bidrar också till utfiskningen eftersom den utfodras med fiskmjöl. För mig känns detta inte hållbart, utan snarare som konstgjord andning. Skulle man kunna odla växtätande fiskar i stället?"

Finns det eko-märkt fisk?

Fisk och skaldjur är viktiga livsmedel som man bör äta två till tre gånger i veckan. Det gamla rådet att vi blir intelligenta av att äta fisk gäller än idag. Många vetenskapliga studier pekar på positiva hälsoeffekter för hjärta och hjärna. De långkedjiga Omega-3 fettsyrorna från fisk minskar risken för hjärtsjukdomar och påverkar också tillväxten av hjärnan och nervsystemet under fosterstadiet och uppväxten. Därför är det extra viktigt att kvinnor i barnafödande ålder och små barn äter fisk för att få i sig de värdefulla fettsyrorna.

Fisk och skaldjur innehåller en rad vitaminer, framför allt vitamin D och B12, men även vitamin E. Viktiga mineraler i fisk är jod och selen, extra viktigt eftersom de svenska jordarna är selenfattiga. Det finns numera en del negativa hälsoeffekter, miljöföroreningar i form av kemikalier som släpps ut i sjöar och hav och som förgiftar våra fiskar och skaldjur.

Hur väljer jag rätt?

Det finns två stora miljöproblem när det gäller fisk. Det ena är utfiskningen som leder till minskade eller helt utslagna bestånd. Det andra är att det krävs väldigt stora resurser för att fiska och producera. Fiskare och lagstiftare är inte alltid överens om hur dessa frågor ska tacklas och under tiden fortsätter problemen att växa. Världsnaturfonden WWF har i sin lilla folder "Fisk till middag?" listat de fiskar vi fortfarande kan njuta av (Smaklig måltid), vilka vi bör ge akt på (Tänk efter) och vilka vi helst ska undvika (Låt bli).

Välj gärna märkt fisk. Det finns två märkningar av fisk och skaldjur: KRAV och MSC (Marine Stewardship Council). Än så länge finns bara ett fåtal miljömärkta fisk- och skaldjursprodukter. Den tiden då torsken var en av våra vanligaste middagsfiskar är förbi. När jag var liten njöt vi av färsk eller rökt torskrom som alltid gick att få tag på. Det finns inte längre, men däremot torskrom på tub med banansmak …

I Sverige har fiskarna fasta fiskekvoter. Det innebär att man får fiska en viss sort under specifika perioder av året. Bara för att det råkar vara sejkvot kvar, betyder det knappast att alla andra fiskar ligger snällt och väntar på sin tur. Ett system som betyder att man måste slänga tillbaka en massa fisk som inte ingår i kvoten. Varför inte införa "havdagar" anpassad efter fiskeflottans storlek, då fiskarna under sin begränsade period får använda sig av all den fisk de får upp? För mig låter det oändligt mycket lättare.

Sill

Sill och strömming är en och samma art. Från Kalmar och norrut längs ostkusten kallas den strömming, medan den söderut och längs västkusten benämns sill och är något större. Sill är jordens vanligaste fiskart och lever i stim. Den äter huvudsakligen krill (små räkor), hoppkräftor och mindre fiskar. Sillen i sin tur är föda åt säl, val, torsk och andra större fiskar, samt människor.

Det förekommer ett betydande industrifiske efter sill för tillverkning av fiskmjöl som sen används som mat vid fiskodling. Det har visat sig vara ett mindre bra sätt att ta tillvara havets resurser. En annan fisk i familjen sillfiskar är ansjovisen som hos oss är skarpsill som kryddas och konserveras. I Medelhavet och andra sydliga vatten saltas den och läggs in i olja och kallas då sardell.

Lax

Det finns två laxsorter, atlantlax och baltisk lax (i Östersjön). Den atlantiska vandrar mellan matförråden i Atlanten och lekplatserna i sötvattensströmmar, och under den vandringen försvinner laxlusen, en parasit. För den odlade laxen är däremot laxlusen ett jätteproblem. Lösningen heter i vanlig ordning antibiotika. Fiskarna placeras därför i rännor med fenorna upp i vädret på vägen ner till laxbassängen. Där får de varsin spruta i stället för antibiotikapellets som numera är förbjudet. Naturen hade löst det här med laxlus på sitt eget vis, men vi människor kunde inte låta bli att förstöra det.

Köttet är närmast rött i rått skick och ljuvt rosa (laxrosa) i kokt, vilket beror på innehållet av färgämnet astaxantin som kan hamna i fisken både på naturlig väg (via kräftdjur) eller som konstgjort färgämne. KRAV-lax är betydligt ljusare (i "brist" på extra färgämne), vilket ofta upplevs som mindre aptitligt, men den smakar underbart! Den atlantiska laxen livnär sig på kräftdjur, som färgar köttet rosa, och småfisk. Den baltiska laxen finns i Östersjön, för Sveriges del på ost- och sydkusten. Den har sina lekplatser i de norrländska älvarna och i Blekinges åar. Av brist på kräftdjur i det bräckta vattnet äter den här främst strömming och småfisk. Köttet är därför vitt till blekgult.

Sej

Gråsej eller sej är en stor och kraftig art ur torskfamiljen. Den lever liksom sillen i stim och äter fiskyngel, sill, skarpsill och kräftdjur. Sejen förekommer

bland annat längs den svenska västkusten och i Nordsjön. Det är en mager fisk. Välj gärna filéer större än 30 cm, så har den hunnit fortplanta sig.

Skrubbskädda (Flundra)

Skrubbskäddan är en skrovlig plattfisk som lever i både bräckt- och saltvatten. Den äter bland annat tångloppor och musslor som den letar på natten. På dagen gräver den ned sig och vilar. På platser där skrubbskäddan leker samtidigt som rödspottan uppkommer bastarder, mindre skrovliga men med rödspottans röda fläckar. Skrubbskäddan brukar säljas färsk eller rökt. Välj gärna exemplar större än 20 cm, så har den hunnit fortplanta sig. Ibland får man fråga efter den en gång extra i butiken. Den är lätt att få tag på och lätt för handlaren att beställa hem.

Blåmusslor

Vid en 5 000 år gammal boplats i Västsverige har man hittat skal av blåmusslor, men det är svårt att säga om de användes till föda eller agn. Blåmusslan förekommer idag runt alla våra kuster och den livnär sig på mikroskopiska organismer som den pumpar in med vattnet, filtrerar och pumpar ut igen genom en annan öppning i skalet.

En blåmusselodling kräver ett område fritt från föroreningar eftersom den annars lätt kan ta upp gifterna. Idealiskt är att odla i samverkan med laxodlingar. Idag studeras hur blåmusselodlingar skulle kunna användas för att ge positiva effekter på vattenmiljön. Genom att äta plankton binder musslorna upp mycket näringsämnen, som sedan plockas ur havet när musslorna skördas. Eftersom våra kustvatten göds av för mycket näringsämnen testas denna modell som ett steg i reningsprocessen.

Rågpanerad strömmingsflundra

5 – 6 portioner

Stekt strömming är förvånansvärt många gäster som gillar i mina skolrestauranger.

500 g strömmingsfiléer
havssalt
vitpeppar från kvarnen
ev fyllning
2 dl grovt rågmjöl
2 msk rapsolja
2 msk smör

GÖR SÅ HÄR

Rada upp filéerna på skärbrädan med köttsidan uppåt. Salta och peppra. Fyll med något av tipsen om så önskas. Lägg filéerna parvis mot varandra och vänd i rågmjöl.

Stek i hälften rapsolja och hälften smör på hög temperatur.

Servera med potatismoset på sidan 111.

Fyllningstips

Dill, citron och fetaost.

Basilika, rostade pumpafrön och parmesan.

Koriander, rödlök och lime.

Lax- och blåmusselgryta med potatisaioli

5 – 6 portioner

Detta är så gott och går snabbt att laga.

1 stor gul lök
2 vitlöksklyftor
olivolja
½ rotselleri
1 burk hela tomater, 400 g
5 dl vatten
havssalt
svartpeppar från kvarnen
3 dl vitt torrt gott vin
1 dl grädde
vårlök eller purjolök beroende på årstid
1 zucchini, gul eller grön
250 g KRAV-märkt laxfilé i kuber
250 g sejfilé i kuber
1 nät blåmusslor

GÖR SÅ HÄR

Koka blåmusslorna (se sidan 61).

Skala och hacka gul lök och vitlök. Fräs dem i olivolja tills de mjuknat lite och inte tagit färg.

Skala och skär rotsellerin i bitar. Tillsätt och låt fräsa med en stund i lökhacket. Häll på tomater och vatten. Salta och peppra. Lägg på lock och låt sjuda tills rotsellerin blir mjuk.

Häll allt i mixer tillsammans med buljong från blåmusselkoket. Mixa och häll tillbaka den nu släta såsen i kastrullen. Slå på vitt vin och grädde och låt sjuda någon minut.

Skölj och strimla vårlök eller purjolök. Skölj och skär zucchini i fina stavar.

Lägg lök och zucchini i kastrullen tillsammans med lax och sej. Låt alltsammans få ett uppkok och lägg i blåmusslorna. Klart för servering tillsammans med potatisaiolin.

Potatisaioli

En matig och helt ljuvlig aioli. Dagen efter är den nästan ännu godare så gör gärna dubbel sats på en gång.

3 potatisar
1 vitlöksklyfta
½ dl olivolja av god kallpressad sort
½ dl kokvatten från potatisen
havssalt
svartpeppar från kvarnen

GÖR SÅ HÄR

Skala och koka potatisarna, spara kokvattnet. Lägg den nykokta varma potatisen och vitlöksklyftan i en matberedare monterad med kniven. Kör till mos och späd med olivoljan och kokvattnet. Smaka av med havssalt och svartpeppar.

Helstekt skrubbskädda med skirat smör och pepparrot

5 – 6 portioner

Skrubbskädda fiskar min svärfar utanför Smålandskusten mot Öland.
Vi flår den och grillar, helsteker på långpanna eller hel i stekpannan.
Den smakar fantastiskt gott och är numera enkel att hitta i butik och fiskaffär.
Dessutom har den grönt ljus från WWF.

1 ¼ – 1 ½ kg skrubbskädda utan huvud, ca 250 g hel fisk per person
havssalt
svartpeppar från kvarnen
rapsolja att steka i
1 lång tumme pepparrot
100 g skirat smör, 20 g per person

GÖR SÅ HÄR

Torka av skäddan med papper om den är lite blodig.
Salta och peppra.

Häll lite rapsolja i pannan, hetta upp och lägg i fisken.

Lägg på lock och låt fisken ångsteka under locket.
Det går snabbt med lock, 8 – 10 minuter beroende på tjocklek.
Låt inte gå för länge. När fisken ser glansig ut på ytan närmar
den sig 60 grader och då är den klar.

Alternativ till ångstekning i panna: Lägg fisken på smord ugnsplåt
och ställ in i ugnen på 130 grader till samma innertemperatur.

Skala och riv under tiden pepparroten fint samt skira smöret.

Servera skäddan med pepparrot och skirat smör.

Koka gärna lite goda brytbönor till samt god potatis,
som van Gogh eller Asterix.

Gravad strömming

5 – 6 portioner

Dessa underbara silvriga filéer kan man sedan lägga in som sill. Mina personliga favoriter är löjromsströmming och senaps- och whiskygravad strömming. Att servera gravad strömming till icke strömmingsälskare är succé eftersom den är helt befriad från ben.

500 g strömmingsfiléer
7 ½ dl vatten
1½ dl ättika, 12%
1 tsk havssalt

GÖR SÅ HÄR

Dra skinnet från strömmingsfiléerna. Blanda vatten, ättika och havssalt.

Lägg i filéerna, ställ in i kylskåpet och låt grava över natten. När filéerna är klara ska de vara gråvita rakt igenom.

Örtgravad strömming

1 liten knippa gräslök
1 liten knippa dill
1 liten knippa persilja
250 g crème fraiche
1 dl gräddfil
havssalt

GÖR SÅ HÄR

Finhacka alla örter i en mixer. Tillsätt crème fraiche och mixa till en tjock, slät, grön sås.

Lägg såsen i en skål och blanda varsamt med gräddfil. Smaka av med havssalt.

Låt den gravade strömmingen rinna av och blanda den med såsen.

Citrusgravad strömming

1 dl ättika
2 dl råsocker
3 dl vatten
½ apelsin
½ citron
1 lime
1 färsk röd chili

GÖR SÅ HÄR

Blanda ättika, råsocker och vatten och rör tills sockret löst sig.

Skölj, halvera och klyfta apelsin, citron och lime.

Finhacka chili och lägg ner den i ättikslagen tillsammans med citrusfrukterna.

Smaka av och tillsätt pressad saft från de överblivna citrushalvorna om du önskar mer smak.

Blanda ner den gravade strömmingen i lagen och låt gärna dra över natten i kylen, då utvecklas smakerna mer.

KRAV-odlad teriyakilax med grönsaker

5 – 6 portioner

Smaken på Krav-odlad lax och vanlig konventionell går ej att jämföra. Krav-lax smakar rent, friskt och härligt. Den har dessutom en underbart lätt ljusrosa ton, inte starkt rosa som den konventionella. Prova Krav-lax en gång och du är fast!

500 g laxfilé
lite rapsolja
teriyakimarinad

GÖR SÅ HÄR

Tag bort skinnet och lägg laxfilén i en ugnsfast form, gärna smord med lite rapsolja.

Pensla på teriyakimarinaden.

Ställ i ugn på 170 grader 15 – 20 minuter.

Innertemperaturen på laxen ska vara 60 grader. Det vet du genom att trycka på filén med tummen, när den känns stum är den klar.

Teriyakimarinad

1 dl ljus soja, typ soyu
(en ekologisk soja som finns i de flesta välsorterade butiker)
1 dl vitt vin
½ dl risvinäger
1 tsk råsocker
2 vitlöksklyftor
½ lillfinger färsk ingefära

GÖR SÅ HÄR

Skala och skiva vitlök och ingefära. Lägg alla ingredienser i en kastrull och låt sjuda sakta på låg värme utan lock tills hälften av den ursprungliga mängden återstår.

Strimlade grönsaker

2 stora morötter
1 zucchini
½ purjolök
1 knippe vårlök om årstiden tillåter
ca 5 dl vatten
havssalt
rapsolja

GÖR SÅ HÄR

Skala och strimla alla grönsaker fint.

Blanchera dem snabbt i vatten, havssalt och en liten slurk rapsolja.

Servera gärna laxen tillsammans med röd rårissallad eller kokt ris.

Pocherad flundrafilé med hemslagen dijonhollandaise

5 – 6 portioner

500 g flundrafilé
havssalt
svartpeppar från kvarnen
rapsolja
lite vatten

GÖR SÅ HÄR

Salta och peppra filéerna och rulla dem ganska tajt med köttsidan inåt.

Hetta upp rapsolja i en medelvarm stekpanna och lägg i fiskrullarna.

Slå på lite vatten och lägg på lock så att fisken ångkokas. Detta tar ca 5 minuter beroende på storleken på filéerna.

Dijonhollandaise

Smak och konsistens på denna sås går inte att jämföra med påssås!

1 dl risvinäger
½ dl citronsaft
1 tsk dijonsenap
3 äggulor
250 g smör eller kesella gourmet
havssalt

GÖR SÅ HÄR

Tag fram två ägg så att de blir rumstempererade.

Häll risvinäger och citronsaft i en kastrull och reducera tills endast 3 msk återstår. Klicka i dijonsenapen och vispa tills den löst sig helt i vätskan. Tillsätt äggulorna och vispa till ett gult fluffigt skum. Detta gör du enklast i ett vattenbad. Temperaturen får ej överstiga 85 grader, då koagulerar äggulan.

Smält smöret och vispa ner i en tunn jämn stråle. Vill du ha en mindre kaloririk sås använd kesella gourmet istället, det blir jättegott. Smaka av såsen med salt och mer citronsaft om det behövs.

Vid uppläggningen, garnera gärna med solrosskott för färgens skull. Servera gärna tillsammans med kokt ris.

Potatis- och sillburgare med tranbärssås

5 – 6 portioner

Första gången jag gjorde dessa burgare till mina gäster på Alfaskolan hade jag den förutfattade meningen att de inte skulle äta så mycket.

Rätten blev en succé och vi fick sätta upp den ytterligare en gång veckan efter. Det är så roligt när gamla traditioner får leva vidare. När jag var liten innehöll sillbullar, som de då kallades, även köttrester men dem har jag tagit mig friheten att utesluta.

8 stora kalla kokta potatisar
2 saltsillfiléer
4 schalottenlökar
2 ägg
1 dl mellanmjölk
vitpeppar från kvarnen
ev havssalt
rapsolja till stekning

GÖR SÅ HÄR

Om sillfiléerna är salta måste de vattnas ur. Lägg dem då i ett stort kärl fyllt med kallt vatten. Byt vattnet ett par gånger så går det fortare. Smaka av de råa filéerna när du byter vatten, de får inte tappa för mycket sälta. Torka av överflödigt vatten med papper innan du lägger filéerna i matberedaren. Det finns även urvattnade filéer att köpa.

Kör sillfiléer och potatis i matberedare till ett slätt mos.

Skala och finhacka schalottenlökarna, blanda ner dem tillsammans med äggen.

Tillsätt mjölken och smaka av med vitpeppar samt salt om det behövs.

Sältan kan variera beroende på sillen.

Forma blandningen till burgare och stek i smör eller rapsolja.

Sötsur tranbärssås

2 dl torkade tranbär
2 dl tranbärsjuice
2 dl vatten
1 msk potatismjöl
ca 1 tsk råsocker
ca 1 msk ättika
havssalt

GÖR SÅ HÄR

Lägg tranbär, tranbärsjuice och vatten i en kastrull och koka upp.

Blanda lite av vattnet med potatismjölet.

Häll i blandningen och låt såsen småputtra så att den tjocknar.

Smaka av med råsocker, ättika och havssalt så du får exakt den smakbalans mellan sött och surt som du vill ha.

Rimmad färsk sej med het tomat- och koriandersås

5 – 6 portioner

Sej är så gott, speciellt när den är färsk. Jag lagar enormt mycket sej i mina verksamheter. Sejen är så lätt att variera. Det är en riktig "fastfood", inget går snabbare att laga än färsk fisk.

500 g färsk sejfilé
1 l kallt vatten
1 msk havssalt
rapsolja till stekning
ev stektermometer

GÖR SÅ HÄR

Blanda vatten och salt. Det är en rimmlag som ska smaka som en kallsup på västkusten.

Lägg i filéerna och rimma dem, gärna över natten. Ett alternativ är att bara salta och peppra filéerna.

Dela filéerna om de är stora. Snurra till snurror och lägg ner i en stekpanna med lätt upphettad rapsolja i. Låt steka ca 1 minut, häll i lite vatten, lägg på ett lock och låt sjuda tills fisken har skivat sig lite. Detta tar endast ett par minuter så var observant på att fisken inte blir överpocherad och torr. Har du en termometer så stick i den. Innertemperaturen ska vara 60 grader.

Het tomat och koriandersås

Denna sås är fantastiskt god, jag kokar den ofta hemma. Ibland gör jag den tunnare och serverar som soppa med ett gott bröd till. Ibland byter jag ut koriander mot basilika. Såsen är också underbar till lammfärsbiffar.

1 gul lök
1 vitlöksklyfta
1 morot
en liten bit färsk röd chili
efter egen smak
1 burk hela tomater, 400 g
1 burk vatten
havssalt
½ kruka färsk koriander

GÖR SÅ HÄR

Skala och hacka gul lök, vitlök och morot. Skölj chilin, smaka av dess styrka och lägg i en hel eller en bit efter tycke och smak.

Fräs alltsammans i rapsolja och slå på tomater och vatten.

Salta och låt koka tills morot och lök är alldeles mjuka.

Mixa till slät sås i mixer.

Smaka av med mera salt eller hetta.

Mixa i den färska koriandern precis innan servering, men spar lite till garnering.

Sillsallad med fänkål och granatäpple

5 – 6 portioner

En modern sillsallad som är underbar att ha på midsommarbordet med kokt färskpotatis eller bara som lunch, sommar som vinter.

123-lag är en klassisk lag som urvattnade saltsillsfiléer läggs i. Den består av 1 del ättika, 2 delar socker och 3 delar vatten. Samma lag kan användas till pressgurka, dvs tunt skivad färsk gurka med lite finhackad persilja.

2 – 3 sillfiléer i 123-lag
1 stort fänkålsstånd
1 citron, saft och skal
2 rödlökar
havssalt
1 kruka färsk koriander
1 granatäpple

GÖR SÅ HÄR

Skär den inlagda sillen i centimeterbreda bitar.

Skölj och strimla fänkålen tunt på höjden.

Riv det yttersta skalet på citronen, halvera och pressa.

Hacka koriandern fint.

Skala och båta rödlöken tunt.

Häll citronsaft och skal på fänkål och rödlök samt strö över havssalt.

Krascha grönsakerna med handen så att de slakas och marineras av citronen och saltet.

Låt även koriandern blandas med på slutet.

Dela granatäpplet och plocka ur kärnorna.

Blanda sillen med de marinerade grönsakerna, lägg upp dekorativt på ett fat och strö över granatäpplekärnorna. Om du vill ha en saftigare sallad häll även över lite av 123-lagen.

Moules frites med limeaioli

5 – 6 portioner

Vi äter mängder av chips och friterad potatis. Samtidigt som vi tycker det är gott vet vi att det inte är nyttigt. För att få koll på att de inte innehåller härdade fetter, gör dem själv och fritera i rapsolja. Man behöver ju inte äta friterat så ofta utan njuta någon gång ibland.

Moules

2 nät blåmusslor
olivolja
5 schalottenlökar
2 vitlöksklyftor
olivolja att fräsa i
½ flaska Bonterra Chardonnay
2 msk grädde
havssalt
svartpeppar från kvarnen

GÖR SÅ HÄR

Skrapa och skölj blåmusslorna så att du får en klar och fin musselbuljong utan knaster när du tuggar. Släng dem som inte sluter sig när du knackar dem lätt mot bänken.

Skala och finhacka schalottenlök och vitlök. Fräs i het olivolja.

Lägg i blåmusslorna och slå på det vita vinet.

Sätt på lock och koka upp. Lyft locket och kika om musslorna öppnat sig, då är de klara.

Det tar bara ett par minuter. Släng dem som inte öppnat sig.

Lyft upp blåmusslorna. Koka ihop musselbuljongen med en skvätt grädde. Smaka av med havssalt och svartpeppar.

Receptet fortsätter på nästa sida.

Friterad potatis

5 stora potatisar, gärna Asterix
rapsolja att fritera i (bara så det precis täcker potatisen)
3 lagerblad
flingsalt

GÖR SÅ HÄR

Skala och båta potatisarna.
Lägg klyftorna i kallt vatten, gärna över natten, så att lite av stärkelsen dras ur.

Häll rapsoljan i en kastrull och hetta upp tillsammans med lagerbladen.

Lägg i potatisen och fritera till fin färg.

Lägg upp på hushållspapper och låt överflödig olja sugas bort.

Spara oljan i glasburk och använd den flera gånger.

Limeaioli

Om du har bråttom, använd ekologisk majonnäs som sedan blandas ut med vispad crème fraiche. Smaksätt med skal och saft från lime samt lite havssalt och cayennepeppar för att höja smaken.

1 äggula
1 vitlöksklyfta, finhackad
1 tsk vinäger
1 lime, skal och saft
2 dl rapsolja
havssalt
cayennepeppar

GÖR SÅ HÄR

Lägg äggulan i en matberedare tillsammans med vitlök, vinäger, skal och saft av lime. Kör tills allt har blandats och tillsätt sedan rapsoljan i en fin stråle så att aiolin går ihop och blir slät och tjock.

Smaka av med havssalt och cayennepeppar.

Låt ingredienserna vara rumstempererade för att aiolin inte ska skära sig.
Det går också bra att göra aiolin med hand- eller elvisp.

Schyssta nattmackan med ansjovis

ca 10 portioner

I stället för Janssons frestelse…

½ l vatten
2 burkar ansjovisfiléer
50 g färsk jäst
750 g stenmalet vetemjöl, ca 1 liter
lite rapsolja
4 potatisar
1 stor gul lök

GÖR SÅ HÄR

Lägg vatten, ansjovis (spar 8 filéer till dekoration) och ansjovisspad i mixern och mixa till en slät degvätska. Rör ner jästen och häll över i en bunke.

Blanda i allt mjöl till en härlig deg som ska bli aningen klibbig men inte lös.

Låt jäsa till dubbel storlek under kökshandduk.

Smörj en ugnspanna med rapsolja och bred ut degen därpå.

Låt jäsa ytterligare till dubbel höjd.

Skala och skiva tunt potatisarna under jästiden.
Lägg skivorna i kallt vatten för att dra ur lite stärkelse.

Skala och skiva tunt den gula löken.

Fördela potatis och lök tätt på brödet och dekorera med ansjovisfiléerna.
Ringla över lite rapsolja.

Grädda i ugn på 180 grader 35 – 40 minuter.
Brödets innertemperatur ska vara 98 grader.

LAMM

FROM FÖDA FÖR FINSMAKARE

"Endast 40 procent av det lamm- och fårkött vi konsumerar kommer från Sverige, resten är importerat. Min uppmaning är att främja den svenska, ekologiska lammuppfödningen."

KRAVfylld lammuppfödning

Av naturliga skäl föds de flesta lamm under årets första månader. Våren är på väg och det finns gott om bete. Till sensommar och tidig höst är lammen slaktfärdiga. Det blir många lamm att slakta under en kort tid och det blir svårt för slakterierna att räcka till. En strävan är att förändra produktionen så att det ska finnas färskt lammkött under hela året. På så vis åstadkommer man bättre lönsamhet och bättre anpassning till konsumenters efterfrågan. Jag undrar vad tacka och bagge tycker om det?

Vid den första anblicken skiljer sig inte den ekologiska lammproduktionen särskilt mycket från den konventionella. En stor skillnad är dock att medicinering i förebyggande syfte inte är tillåten, vilket ställer höga krav på betesskötseln. För att undvika ohälsa måste lammen gå på parasitfria beten, det vill säga områden som inte betats av får under föregående år. Om djuren trängs på en för liten betesyta ökar risken för parasiter eftersom de riskerar att beta där de själva förorenat med gödsel. Lösningen är stora beten samt att alternera slåtter och bete. Man kan också varva med andra djurslag, till exempel nöt. Hyggesbetning är också ett alternativ, men med den nackdelen att lammen växer långsammare. Kan fördelen vara att det smakar godare tro? Om fåren får gå på skogshyggen minskar också behovet av röjningsarbete i skogen.

Om lammen betar vissa vallväxter, till exempel Cikoria, ger det ett visst skydd mot parasitangrepp.

I den ekologiska lammproduktionen får lammen stanna kvar hos tackan längre. De får beta utomhus och äta ekologiskt foder som komplement. Lammköttet tar smak av betet. Går lammen på ett bete med mycket vilda örter, får köttet en smak av timjan, mynta eller vad det nu kan vara som växer där.

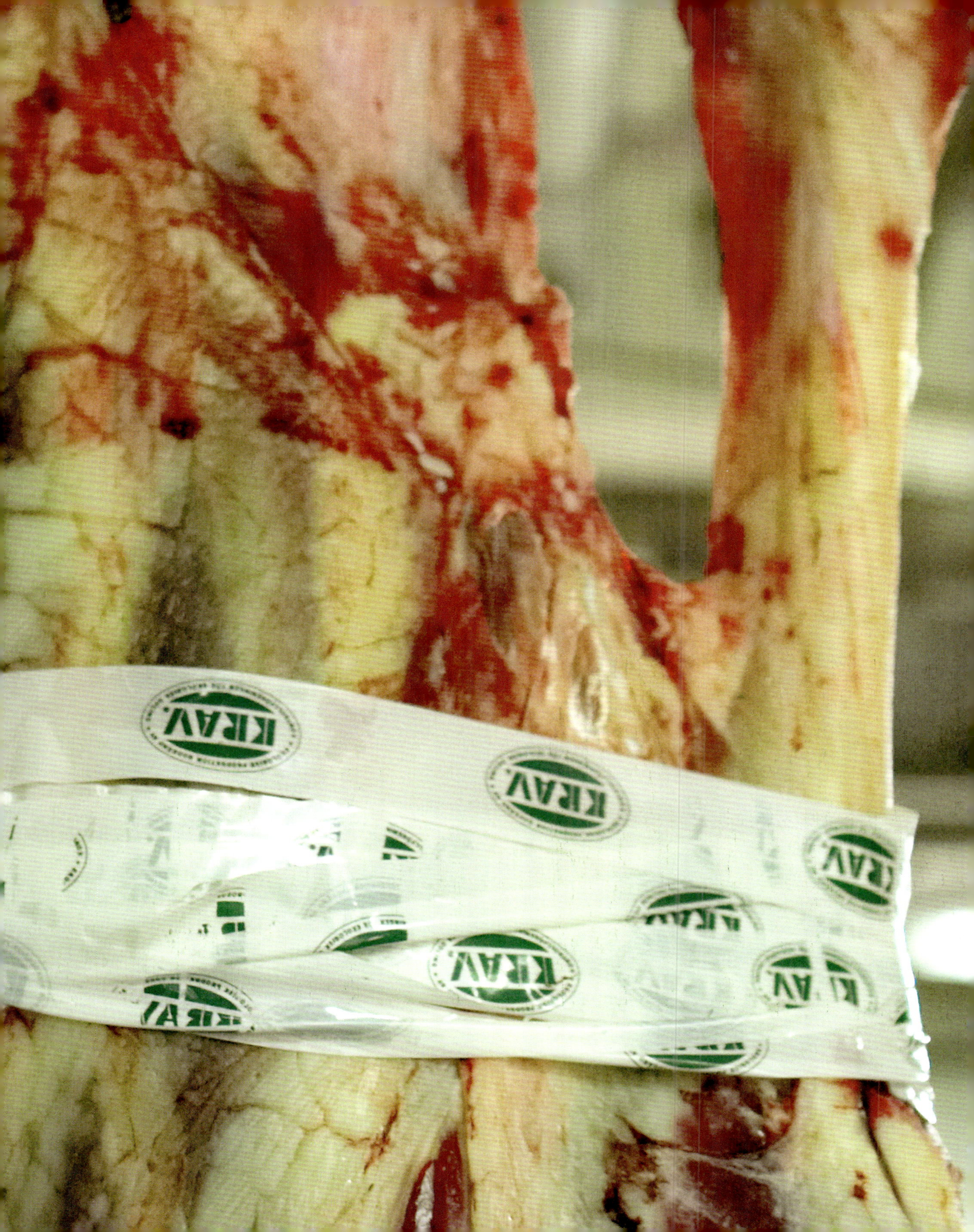
KRAV

Bulgursallad med rostade frön, granatäpple och fetaostkräm

5 – 6 portioner

6 dl bulgurgryn
1 dl pumpafrön
1 dl solrosfrön
1 stort granatäpple

GÖR SÅ HÄR

Koka bulgurgrynen i lättsaltat vatten enligt förpackningen. Det ska inte klibba utan bli som när du kokar ris torrt och fint.

Rosta under tiden pumpa- och solrosfrön i torr stekpanna eller i ugnen på 175 grader. De ska bli torra och krispiga.

Dela granatäpplet mitt itu, vänd kärnsidan in mot handen och banka lätt med baksidan på kniven så lossnar kärnorna och faller lätt ut.

Blanda alltsammans till en sallad.

Vinägrett

1 citron, saft och skal, ca 1 dl
½ dl olivolja
havssalt
svartpeppar från kvarnen

GÖR SÅ HÄR

Riv skalet på citronen men se till att det vita inte kommer med för då smakar det beskt. Pressa ur citronsaften. Blanda med olivoljan och smaka av med salt och peppar. Häll vinägretten över bulgursalladen.

Fetaostkräm

2 ½ dl crème fraiche
100 g fetaost
1 msk olivolja
1 nypa cayennepeppar
havssalt

GÖR SÅ HÄR

Vispa crème fraichen med elvisp tills den är som styv vispgrädde. Mosa fetaosten med en gaffel och vispa ner i crème fraichen. Smaka av med cayennepeppar och havssalt. Servera till bulgursalladen.

GRANATÄPPLE

Goda, nyttiga granatäpple! Det omnämns redan i bibeln och ansågs läkande av romarna. Fortfarande används det som läkeväxt i flera kulturer, bland annat mot besvär i mun och tarmar. Nu har man upptäckt ännu flera hälsoeffekter, till exempel anses det vara cancerförebyggande. Granatäpplet är ovanligt rikt på antioxidanter.
En studie visar att kroppens antioxidativa kapacitet steg hos personer med diabetes när de dagligen fick granatäpplejuice. Enligt forskare kan det bidra som ett skydd mot hjärt- och kärlsjukdomar.

Lammgryta med spiskummin och hel schalottenlök

5 – 6 portioner

När jag under en period bodde i Saudi Arabien lärde jag mig verkligen att uppskatta spiskummin som smaksättare. Denna gryta blir så god!

600 g grytbitar av lamm, gärna bogen
rapsolja att steka i
havssalt
ca 3 dl vatten
1 burk krossade tomater
2 lagerblad
2 msk spiskummin
12 små schalottenlökar
3 morötter
½ medelstor rotselleri

GÖR SÅ HÄR

Stek lammbitarna i rapsoljan på medelhög värme, salta.
Se till att inte lägga i för många bitar samtidigt, de skall få stekyta och inte bli kokta i stekpannan.

Lägg över köttbitarna i en gryta eller kastrull och tillsätt vatten, krossade tomater, lagerblad och spiskummin.
Låt koka ca 15 minuter tills köttet känns halvmjukt.

Skala under tiden schalottenlök, morötter och rotselleri. Skär morot och rotselleri i mindre bitar och lägg i grytan tillsammans med schalottenlökarna.
Låt alltsammans koka ytterligare 25 minuter tills köttet blir riktigt mört.

Lammstek med apelsin och timjan

5 – 6 portioner

Apelsin och timjan – två smaker som passar fint till lamm.

ca 1½ kg lammstek
havssalt
½ kruka färsk timjan
½ apelsin, det rivna skalet
ca 6 vitlöksklyftor
svartpeppar från kvarnen
bindgarn
4 morötter
2 persiljerötter
½ rotselleri
½ apelsin, saft och skal
1 hel vitlök, skivad

GÖR SÅ HÄR

Fyll lammsteken med salt, timjan, apelsinskal, vitlöksklyftor och svartpeppar.

Bind ihop steken med bindgarn och gnid in havssalt och svartpeppar runt om. Placera steken i en ugnsfast form och stick in en stektermometer på tjockaste stället.

Stek i ugnen på 150 grader till en innertemperatur på 35 grader.

Tag då ut steken och lägg alla skalade och delade rotfruktsbitar runt om. Tillsätt även apelsin och vitlök och fortsätt steka i ugn till en innertemperatur på 58 grader. Är inte rotfrukterna klara så låt dem fortsätta i ugnen medan den uttagna steken vilar inlindad i aluminiumfolie. Temperaturen stiger då till ca 62 grader.

I min smak är den då perfekt lätt rosa utan att blöda.

Blandade betor med vitlök och citron

5 – 6 portioner

Dessa rostade betor är underbara till lamm och även som ett litet tillbehör till exempelvis potatisgratängen på sidan 83. Om du vill kan du använda enbart rödbetor.

3 rödbetor
3 gulbetor
3 polkabetor
½ dl olivolja
havssalt
1 vitlöksklyfta
1 citron, saft och skal

GÖR SÅ HÄR

Skala och skär betorna i jämnstora klyftor.

Lägg dem på en plåt och ringla över olivolja och lite havssalt.

Rosta i ca 35 minuter på 170 grader i mitten av ugnen.

När betorna skall serveras, riv över vitlök och citronskal.

Pressa över lite citronsaft och smaka av med havssalt.

Revben på lamm

Trots att det sitter några få revben på den bringa du köper är de värda besväret att koka och grilla. Det blir så goda smaker till dillsåsen samt att det är trevligt att få ett litet revben som förtugg till drinken eller kanske som förrätt.

revben från 1 lammbringa (se sidan 85)
vatten så det precis täcker
persiljestjälkar
1 liten gul lök eller ½ stor
1 liten morot, i bitar
3 vitpepparkorn
3 svartpepparkorn
havssalt

GÖR SÅ HÄR

Lägg revbenen i en kastrull och täck med vatten. Tillsätt persiljestjälkar, morot och kryddor. Koka revbenen möra i ca 30 minuter och tag sedan upp dem ur buljongen. Hit kan du förbereda.

Välj om du vill grilla på grillen eller i ugnen på 220 grader i ca 10 minuter.

Lyft bort alla pepparkorn annars blir såsen för stark. Tag även bort moroten. Kasta den inte utan ät upp den. Mixa buljongen slät med löken och persiljestjälkarna kvar. Denna buljong utgör grunden till en underbar dillsås till lammbringan (se sidan 85).

Potatisgratäng med rosmarin och dragon

5 – 6 portioner

En härligt doftande gratäng som smakar så gott till lammsteken eller till fläskkarrén!

10 potatisar
1 gul lök
smör till formen
2 dl riven god ost
3 dl grädde
1 pressad vitlöksklyfta
1 tsk dragonblad
1 tsk färsk rosmarin, fint hackad
1 tsk svartpeppar från kvarnen
1 msk havssalt

GÖR SÅ HÄR

Skala och skiva potatis och gul lök tunt.

Varva i smord ugnsfast form potatis, gul lök och ost. Blanda grädde med vitlök, dragon och rosmarin. Blanda även ner havssalt och svartpeppar.

Häll gräddblandningen över lök och potatis.

Grädda i ugnen på 150 grader i ca 60 minuter.

Lammfärsfylld lammbringa
5 – 6 portioner

1 lammbringa, ca 20 x 30 cm
300 g lammfärs
1 ägg
½ dl vatten
1 skiva av gårdagens bröd, fint smulat
1 msk ättika
ca 2 tsk havssalt
svartpeppar från kvarnen
1 knippe eller kruka färsk dill
bindgarn

GÖR SÅ HÄR
Skär ut revbenen och använd dem i receptet på sidan 80. Blanda lammfärsen med ägg, vatten, bröd, ättika, havssalt och svartpeppar. Bred ut färsen på lammbringan. Grovhacka dillen och strö över.

Rulla tajt, bind med bindgarn (se nästa uppslag) och sätt i en stektermometer.

Stek i ugnen på 150 grader tills köttet når en innertemperatur på 62 grader.

Dillsås
5 dl av lammbuljongen från revbenskoket
3 msk dinkelmjöl
½ dl vatten
2 msk äppelcidervinäger
1 tsk råsocker
havssalt
2 msk grädde
½ dl finhackad färsk dill

GÖR SÅ HÄR
Värm upp lammbuljongen i en kastrull. Vispa ihop dinkelmjöl och vatten. Häll ner i buljongen, koka upp samt låt det hela sjuda någon minut under omrörning.

Tillsätt vinäger, råsocker och havssalt. Runda av smaken med en liten slurk grädde. Lägg i dillen och rör om men koka inte mer.

1. Färsk lammbringa med revbenen borttagna.

2. Bred ut den blandade färsen på lammbringan.

3. Strö över den grovhackade dillen.

4. Rulla lammbringan hårt.

5. Bind den med bindgarn.

6. Den färdiga rullen klar för pannan eller ugnen.
Glöm ej att sätta i stektermometer.

Quinoasallad med citrusrostade morötter och fänkål

5 – 6 portioner

Gott med fetaostkräm (se sidan 73) gärna smaksatt med färsk dill. Servera gärna salladen med lammfärsbiffar eller lammgryta eller varför inte till lammsteken. Den passar även till fågel.

5 dl quinoa i blandade färger
4 morötter
2 fänkålsstånd
1 citron, saft och skal
havssalt

GÖR SÅ HÄR

Tvätta quinoan noga i flera sköljvatten. På varje frö finns kåda som måste tvättas bort, annars blir quinoan besk och grötig. Koka i lättsaltat vatten under lock enligt förpackningen.

Skala och dela morötterna på längden. Lägg på plåt och ringla över olivolja och havssalt. Rosta i ugnen på 180 grader i 15 – 20 minuter.

Under tiden skölj fänkålen och strimla den tunt. Strö över salt, citronskal och citronsaft. Knåda/krascha in salt och citron så att fänkålen blir slak.

Blanda slakad fänkål med quinoan och de rostade morötterna.

QUINOA

Quinoa är en ört besläktad med spenat och rödbeta. Den tillhör familjen Mållaväxter och går utmärkt att odla här hemma. Den är ett frö som använts sedan urminnes tider av det gamla inkafolket i Anderna och är än idag en viktig basföda i Sydamerika. Den har en hög andel protein, är rik på vitaminer och mineraler samtidigt som fetthalten är låg. Den är också fri från gluten.

Quinoa passar i gröt, sallader, grytor, soppor eller som ersättning för ris, bulgur, potatis och couscous. Det går även att göra sallad på bladen.

Lammfärsbiffar med smak av rättvisemärkt kaffe

5 – 6 portioner

Det pratas mycket om konsumenters makt. Eftersom vi svenskar dricker stora mängder kaffe, kan vi hjälpa till att förändra arbetsvillkoren för arbetarna på kaffeplantagerna runt om i världen genom att köpa eko- och rekokaffe. Jag tror också att vi genom att välja eko- och rekolamm håller svenska eko-lantbrukare vid liv och vårt landskap öppet. Det borgar för bra lammkött även i framtiden.

500 g lammfärs
1 ½ dl ströbröd eller fint hackat bröd från gårdagen
1 ägg
1 ½ dl kallt bryggkaffe, rättvisemärkt
1 msk balsamicovinäger
1 tsk torkad timjan
svartpeppar från kvarnen
½ tsk cayennepeppar
ca 1 ½ tsk havssalt
rapsolja till stekning

GÖR SÅ HÄR

Blanda ströbröd, ägg, kaffe, balsamicovinäger och alla kryddor.
Vispa det lite fluffigt med elvisp eller för hand. Vänd ner ägget i ströbrödsblandningen. Detta gör biffarna lite fluffigare.

Blanda ner lammfärsen.

Fukta händerna, forma till biffar och stek i rapsolja på medelhög värme.

Servera gärna tillsammans med potatisgratäng sidan 83 eller bulgursallad sidan 73 och rostade jordärtskockor som tillbehör (på bilden).

Bulgursnacks

5 – 6 portioner

Lite bulgursallad kvar i kylskåpet? Då är snacks busenkelt att laga. Faktum är att dessa kan man göra på såväl överblivet kokt ris eller korngryn som couscous. Smaksätt med frön och nötter eller riven god ost. Det blir en schysst konsistens och passar perfekt till lite alkohol.

5 dl överbliven bulgursallad
1 ägg
3 msk dinkelmjöl
lite extra havssalt om det behövs
rapsolja att steka i

GÖR SÅ HÄR

Blanda samman alla ingredienser.

Häll rapsolja i varm stekpanna.

Klicka i av bulgurblandningen och stek små fina snacks.

BULGUR

Bulgur är en gröda från Mellanöstern som består av durumvete som faktiskt kan odlas i södra Sverige. Durumvete är en hård vetetyp med hög proteinhalt och gulare kärna än vårt vanliga vete. Bulgur liknar couscous men bevarar en större del av vetekornen vilket gör den mer närings- och fiberrik.

Det är ett lättanvänt livsmedel eftersom det går fort att tillaga och är mycket lagringståligt.

Bulgur anses vara ett av de äldsta preparerade livsmedlen i världen. Enligt bibeln åt man bulgur (under namnet arisah) i Babylonien redan för 4 000 år sedan.

Focaccia med rosmarin och rostade frön

5 – 6 portioner

Ett superenkelt gott bröd med rötter i Italien. Jag har valt att smaksätta med rosmarin för det är så gott till lamm. Men du kan naturligtvis välja vad du själv önskar.

5 dl kallt vatten, 500 g
50 g färsk jäst
100 g olivolja
900 g stenmalet vetemjöl
30 g havssalt

På brödet innan gräddning

½ dl olivolja
plockade blad från en kvist färsk rosmarin
3 msk rostade pumpafrön
2 msk flingsalt

GÖR SÅ HÄR

Blanda vatten, jäst, olivolja och vetemjöl. Blandar du för hand försök att ta i ordentligt ca 10 minuter. I degblandare kör ca 8 minuter. Tillsätt salt och knåda på ytterligare 4 – 5 minuter.

Låt jäsa under kökshandduk till dubbel storlek.

Häll upp degen på bakbordet och dela i två delar.

Knåda inte utan låt all luft/koldioxid stanna i degen.

Olja ugnsplåtarna och platta försiktigt ut degen.

Gör lite gropar med fingertopparna och strö på olivolja, finhackad rosmarin, pumpafrön och flingsalt.

Låt jäsa ytterligare 30 – 40 minuter.

Grädda i 180 grader 15 – 20 minuter.

NÖT

INTE SÅ DUMT ÄNDÅ

"Vid ett tillfälle köpte jag en hel fjällko som vi fick levererad som färs till skolköket. Den skulle paketeras och frysas in. En pojke tittade in och utbrast: Åh Carola, vad du är duktig på att baka. Det säger mycket om hur svårt barnen har att härröra maten till sitt ursprung. Ett av mina viktigaste uppdrag är att ändra på det."

Ekologiskt nötkött – när kon mår som bäst

Låt oss konstatera med en gång att kor fiser inte, de rapar! Vill vi att de, ur miljösynpunkt, ska rapa mindre kan vi börja med att minska portionsstorleken på nötkött. Det gör vi i denna bok. På 1990-talet bestod en normal köttportion av 100-125 gram, idag ligger den på 125-150 gram. Trenden är alltså att mängden kött på våra tallrikar ökar när den i stället borde minska.

Nöt som i nötkreatur är släkt med njuta och kommer av det forna ordet "nauta" som betyder värde eller värdefull. De första nötkreaturen levde troligen i Mellanöstern under stenåldern cirka 5 000 år före Kristus. Det finns över tusen olika raser men i det svenska jordbruket används främst svensk låglandsboskap och svensk rödbrokig boskap för mjölkproduktion. För att undvika arbetsmiljöproblem och rangstrider är det idag vanligt att mjölkkor avhornas redan som kalvar. Det sker genom att hornanlagen bränns bort. Inom köttproduktionen används renrasiga djur som Charolais och Angus eller blandraser där ingen ras dominerar.

På sommaren när djuren går på bete äter de gräs och klöver. Vintertid består födan av hö eller ensilage (fermenterade vallväxter) och kraftfoder. Ensilage är de vita "sockerbitarna" vi kan se ligga utspridda på åkrarna. Mjölk från kor som har ätit ensilage har dock visat sig ge problem vid osttillverkning, då osten inte blir lagringstålig. En eldsjäl som jag vill nämna i detta sammanhang är Thomas på Järnamejeriet i Järna. Han använder endast mjölk från kor som inte fått äta ensilage för att kunna ysta sina ostar på bästa sätt. Ost som är ystad på sommarmjölk, då korna naturligt går på grönbete, ger en lagringstålig ost. Fråga efter ost ystad på sommarmjölk i din butik.

Kon sägs ha fyra magar men egentligen har den bara en, löpmagen. De övriga (våmmen, nätmagen och bladmagen) är bara utbuktningar av matstrupen.

Kviga kallas en ungko som ännu inte fött någon kalv. Efter att ha fött sin första kalv kallas hon kokviga och efter två kalvningar blir hon ko. Då har hon hunnit bygga upp ett fettlager som marmorerar köttet, vilket anses ha den bästa kvaliteten. Genom att vänja av eller slakta en kalv och sedan mjölka kon får vi tillgång till mjölken. Enligt den ekologiska djurhållningen får kalvarna dia under hela råmjölksperioden. Därefter får kalvarna riktig mjölk och får vara i grupp tillsammans med andra kalvar.

När en mjölkko slaktas används köttet på samma sätt som hos en köttko. För att effektivisera framställningen av kött har särskilt snabbväxande djurraser avlats fram, till exempel den kontroversiella Belgisk blå, där konsekvensen är att korna inte kan kalva normalt utan förlöses med kejsarsnitt.

0563

Tårtbiff med lök- och timjankompott

10 portioner eller två måltider

1 kg nötfärs
1 stor gul lök
1 rotpersilja
rapsolja att steka i
2 ägg
2 dl rivet gårdagens bröd
1 dl vatten
1½ msk rödvinsvinäger
1 nypa cayennepeppar
vitpeppar från kvarnen
ca 2 msk havssalt

GÖR SÅ HÄR

Skala och båta löken. Skala och riv rotpersiljan fint. Stek dem i rapsolja tills de är mjuka men inte tagit färg.

Blanda ägg, gårdagens bröd och vatten och kör i mixer till en slät smet.

Tillsätt lök och rotpersilja och mixa med på slutet.

Smaksätt färsen med rödvinsvinäger, salt och peppar.

Blanda smeten med nötfärsen, lägg i en smord tårtform (ca 28 cm i diameter) och grädda i ugnen på 170 grader ca 45 minuter.

Skär upp i tårtbitar och servera med lök- och timjankompotten.

Lök- och timjankompott

2 gula lökar
1 rödlök
½ purjolök, tag med det gröna
rapsolja att steka i
1 dl vatten
2 nypor torkad timjan
ca 2 msk havssalt
svartpeppar från kvarnen

GÖR SÅ HÄR

Skala och skär löken i båtar. Strimla purjolöken tunt på tvären.

Stek de blandade lökarna i rapsolja.

Häll på vattnet och lägg direkt på ett lock så att det blir som en ångsprängning under locket.

Krydda och blanda samman.

HUR BÅTAR MAN EN LÖK?

Skala och halvera löken men låt roten vara kvar för att hålla ihop löken. Skär med vass kniv "båtar" av halvorna.

Stuvade grönsaker

5 – 6 portioner

Man kan ju stuva enbart morötter eller spetskål eller blomkål eller...
Ja, det är bara att stuva på och kanske smaksätta med lite färsk finhackad dill.

3 stora morötter
2 rödlökar
1 stort broccolistånd
10 brytbönor
havssalt

GÖR SÅ HÄR

Skala morötterna och skär i jämnstora bitar. Skala rödlökarna och skär i båtar.

Ansa och skölj broccolin. Skär med så långa stjälkar kvar som möjligt. Om de är hårda i skalet så skala av lite med potatisskalaren så blir stjälken mjäll och fin.

Ansa och skölj brytbönorna och skär i mindre bitar.

Koka allt i lättsaltat vatten som precis täcker grönsakerna.

Häll av och spara kokvattnet till stuvningen.

Stuvning

2 msk smör
4 msk dinkelmjöl
4 dl av kokvattnet
1 dl grädde eller sojagrädde
havssalt
svartpeppar från kvarnen

GÖR SÅ HÄR

Smält smöret i en kastrull och vispa i dinkelmjölet. Häll på kokvattnet från grönsakerna och toppa med grädde från ko eller sojaböna.

Ge stuvningen ett snabbt uppkok och lägg sedan i de kokta grönsakerna. Salta och peppra.

Klart för servering.

Rotfruktspanna med tamari och vitlök

5 – 6 portioner

Servera med fördel denna rätt tillsammans med röd linshommous (se sidan30) eller fetaostkräm (se sidan 73), då får du en härlig vegetarisk måltid.

blandade rotfrukter, välj bland dina favoriter, 1 – 1,2 kg efter skalning
potatis
morot
rotselleri
gulbeta
palsternacka
rotpersilja
purjolök
rödlök
gul lök

Marinad

1 tumme färsk ingefära
2 vitlöksklyftor
½ färsk chili beroende på styrka eller cayennepeppar efter smak
1 dl tamari
½ dl rapsolja
ev. havssalt

GÖR SÅ HÄR

Skala och skär rotfrukterna i valfria bitar.

Lägg alla ingredienser till marinaden i mixern och mixa till slät konsistens.

Sila marinaden genom en sil för att få bort alla trådar som bildas av ingefäran.

Häll marinaden över alla rotfrukter och grädda i ugnen på 225 grader i 35 – 45 minuter.

Färskostfyllda rulader

5 – 6 portioner

Detta är biff Stroganoff i ruladform – men godare!

5 tunna skivor av nöt eller kalv
5 msk färskost
2 ½ tsk dijonsenap
havssalt
svartpeppar från kvarnen
5 – 6 stavar av saltgurka eller cornichons (små inlagda franska gurkor)
rapsolja att steka i
1 burk krossade tomater, 400 g
1 dl vatten
½ dl grädde
tandpetare

GÖR SÅ HÄR

Lägg ut köttskivorna, bred på färskost och dijonsenap.
Salta och mal över svartpeppar.

Fördela gurkstavarna på köttskivorna, rulla ihop och fäst med tandpetare.

Bryn ruladerna runt om i rapsolja i varm panna.

Mixa tomatkross, vatten och grädde.

Häll blandningen över ruladerna och låt puttra under lock ca 15 minuter tills de blir möra och goda.

Potatismos med parmesan, citrus och gröna blad

5 – 6 portioner

Moset kan även avnjutas helt naturellt till strömmingsflundran på sidan 43. Byt ut parmesan mot chèvre och det blir ljuvligt gott till lammet!

Ett gott hemlagat potatismos smakar helt annorlunda än ett pulvermos (se sidan177).

Det var doften av pulvermos 1995 som fick mig att börja laga mat i skolrestaurang. Min mission blev att rädda de små gästerna från detta pulver. I mina ögon är detta inte mat utan tapetklister.

1 kg potatis
vatten så det precis täcker potatisen
havssalt
25 g smör
3 dl mjölk
1 nypa råsocker
1 nypa vitpeppar från kvarnen
½ citron, skal och saft
1 dl fint riven Parmesanost
ruccola efter eget tycke och smak

GÖR SÅ HÄR

Skala och koka potatisen i lättsaltat vatten tills potatisen är mjuk, 35 – 40 minuter.

Häll av kokvattnet och ånga av potatisen.

Värm under tiden smör och mjölk. Vispa med elvisp ner mjölkblandningen i den kokta potatisen till ett fluffigt mos.

Smaksätt med råsocker, vitpeppar, havssalt, citronskal, citronsaft och parmesan.

Precis innan servering är det trevligt att vända ner ruccolablad.

Riv gärna lite citronskal och parmesan över för dekoration.

Köttfärssås

5 – 6 portioner

Jag har hört att en del av mina kompisar lägger i en buljongtärning som innehåller monosodiumglutamat (MSG) eller natriumglutamat (E 621), (se glutamat, sidan 182). Det är smakförstärkare som bara slätar ut alla smaker och ger köttfärssåsen en lite brun, sötaktig och metallisk smak. Många är dessutom allergiska mot MSG.

Strunta i buljongtärning och balansera istället smaken med senap, vinäger och kryddor. Det blir kanongott och du slipper en enda tillsats.

När du köper havssalt, var observant på vad du köper så det inte innehåller antiklumpmedel (E 551).

500 g köttfärs
1 gul lök
2 msk rapsolja att steka i
1 burk krossade tomater, 400 g
2 msk oregano
1 nypa timjan
1 tsk basilika
1 tsk senap
1 msk rödvinsvinäger
2 nypor cayennepeppar
svartpeppar från kvarnen
1 msk havssalt eller efter smak

GÖR SÅ HÄR

Skala och hacka den gula löken fint.

Bryn köttfärsen i rapsoljan och kläm sönder den med en gaffel så att den finfördelas.

Lägg i den hackade löken och låt steka med. Tillsätt även havssalt så det får steka med och ge smak åt färsen.

Häll på de krossade tomaterna (mina barn gillar om jag mixar dem först så att de slipper bitar av tomat).

Låt det hela småputtra 15 minuter utan lock.

Tillsätt alla kryddor, senap och rödvinsvinäger och låt puttra ytterligare 10 minuter.

Köttfärssås som får puttra länge smakar så mycket godare!

Kamutvetesallad med rostad butternutsquash

5 – 6 portioner

Välj gärna kamutvete (se sidan 178) som inte är förkokt, parboiled.

3 ½ dl hel kamut
3 ½ dl matvete
havssalt
1 butternutsquash
2 – 3 msk olivolja
½ dl pumpafrön
½ dl solrosfrön

GÖR SÅ HÄR

Koka kamuten i vatten enligt förpackningen men salta efteråt, annars kan de hela kornen sluta sig i stället för att spricka upp. Gör på samma sätt med matvetet.

Skala och skär butternutsquashen i fina bitar. Lägg i ugnsform, ringla över olivolja och strö över havssalt. Rosta i ugnen på 175 grader i 15 – 20 minuter.

Rosta pumpa- och solrosfrön i medelvarm torr stekpanna ca 10 minuter.

Blanda kamut, matvete, pumpa- och solrosfrön. Spara lite frön till dekoration. Slå över dressingen.

Servera med den rostade butternutsquashen.

Dressing

½ dl vit balsamicovinäger
1 citron, saft och skal
1 ½ dl olivolja
2 nypor havssalt
svartpeppar från kvarnen

GÖR SÅ HÄR

Blanda vinäger och citron. Tillsätt olivoljan, lite i taget under omrörning. Smaka av med havssalt och svartpeppar.

Gryta som hos mormor Stina

5 – 6 portioner

Min mormor Stina slängde ALDRIG mat, hon tog vara på allt och gjorde underbara rätter!

Till denna gryta använde hon framdelskött av nöt eller kalv, märgpipa eller högrev. Väljer du kalv har den inte hunnit rapa ut så mycket metangas men å andra sidan har den inte fått leva så länge. Valet är fritt och ditt.

450 g grytbitar av nöt eller kalv, 1 x 1cm stora bitar
rapsolja att steka i
ca 1½ l vatten
2 lagerblad
1½ msk havssalt
2 gula lökar
2 rödlökar
5 små potatisar
½ stor rotselleri
1 dl grädde
2 msk dinkelmjöl

GÖR SÅ HÄR

Bryn grytbitarna i rapsolja i het panna så att de får stekyta och inte kokas.

Lägg dem i gryta och slå på vatten. Tillsätt lagerblad och havssalt och låt koka under lock.

Under tiden, skala och båta gul- och rödlök. Skala potatis och rotselleri. Dela potatisen på diagonalen och skär rotsellerin i jämnstora bitar.

När köttet har kokat ca 20 minuter, lägg i lök, potatis och rotselleri.

Låt puttra tills allt mjuknat men ej mosats. Red av med grädde blandat med dinkelmjöl och låt puttra ytterligare några minuter. Smaka av.

Potatisbullar på gårdagens middagsmos med dillsmör eller rårörda lingon

5 – 6 portioner

Om du nu har mitt mos med citron och parmesan i botten så toppa med pepparrot. Det blir supergott!

½ l hemgjort potatismos (se sidan 111)
1 ägg
1 msk riven pepparrot
1 nypa cayennepeppar
havssalt om det behövs
rapsolja att steka i

GÖR SÅ HÄR

Vispa ner ägget i moset.

Blanda ner den rivna pepparroten.

Smaka av och tillsätt mer salt och kryddor om så behövs.

Klicka ner i stekpannan med hjälp av en matsked och stek i rapsolja på medeltemperatur.

Servera med dillsmör eller rårörda lingon (se sidan 17).

Dillsmör

Varför finns det bara ett enda smör att välja på i min vanliga butik? Tänk om man kunde gå in i en delikatessbutik och köpa smör i lösvikt. Olika smaker från olika gårdar. Smör gjort på morgonmjölken eller kvällsmjölken, inte bara smör blandat i ett anonymt paket.

100 g smör
½ dl finhackad färsk dill

GÖR SÅ HÄR

Koka smöret så att det bildas vitt skum som du lyfter bort i flera omgångar (clarifiera).

Smöret blir då så gott och knäckigt i smaken.

Nötbröd utan köttsmak

5 – 6 portioner

Ett bröd med massor av nyttiga nötter. Valnötter är otroligt nyttiga eftersom de innehåller omega 3. Tag för vana att äta ett par stycken varje dag. Om du rostar dem blir de fantastiskt goda.

Jag och min lilla dotter provade en jul färska valnötter från Grenoble i Frankrike. Vi knäckte skalen och provsmakade. Lilla Ebba himlade med ögonen och njöt. Sedan gjorde vi julgodis på dem. Unna dig riktiga valnötter med skal och odlade i de östra delarna av Medelhavsregionen där säsongen börjar på hösten och varar hela vintern.

5 dl/500 g kallt vatten
350 g rågsikt
600 g stenmalet vetemjöl
30 g färsk jäst
10 g honung
50 g olivolja
30 g havssalt
125 g blandade nötter och frön, t ex valnötter,
mandel, hasselnötter, pumpafrön, solrosfrön, linfrön...

GÖR SÅ HÄR

Blanda vatten, rågsikt, vetemjöl, jäst, honung och olivolja i en degblandare och kör maskinen ca 8 minuter. Tillsätt salt och de blandade nötterna och fröna och kör ytterligare 4 minuter.

Låt degen jäsa till dubbel storlek under kökshandduk i 30 – 40 minuter.

Baka sedan ut degen med varsam hand så du inte knådar ur luften eller kraschar sönder nötterna.

Dela degen och baka ut i 20 små bröd eller 4 stora.

Lägg på plåt och låt jäsa ytterligare 30 minuter under duk.
Pudra gärna över mjöl så du får ett vackert bröd.

Grädda de små bröden ca 8 minuter på 225 grader eller de stora ca 35 minuter på 180 grader.

Brödet ska mäta 98 grader i innertemperatur när det är klart.

GRIS

EN DELIKATESS MED KNORR

”Smaken på utegris är himmelsk jämfört med innegris – prova själv! En gris som slaktas på ett humant sätt i en bra miljö slipper uppleva stress, vilket också är otroligt viktigt för smaken.”

Från vildsvin till pigham

Om du vill få en gris att gå in i en vagn eller ut genom ett grindhål är det bara att öppna åt den och gå därifrån. Grisen är av naturen så nyfiken att den alltid vill undersöka ett nytt utrymme. Det gäller att arbeta med grisarna, inte mot dem.

Alla grisar härstammar från vildsvinet som efter tvåhundra års frånvaro nu är tillbaka i de svenska skogarna. Benfynd från istidens slut visar att det fanns vildsvin i norra Europa fram till slutet av 1600-talet. Vildsvinens återkomst anses som ett tillskott i faunan, men även som ett hot då deras bökande orsakar stora skador inom jord- och skogsbruk.

Tamsvinet har funnits i Sverige sedan stenåldern. I den skånska kosthållningen har fläsket varit ett mycket viktigt inslag genom historien. Det finns några ursprungliga lantraser, skogssvinet/ollonsvinet och hussvinet. Linderödssvinet, hotad av utrotning, är den enda oförädlade lantrasen som finns kvar i Sverige. Detta har Slow Food uppmärksammat och linderödssvinet finns nu med i deras ”Ark” för utrotningshotade produkter. Linderödssvinet trivs med att gå ute året om och växer långsammare än dagens tamsvin. När den bökar bereds marken och ogräset bekämpas. Den förbereder för god sådd av grödor. Mycket bra alltså, inte bara för skogen utan hela miljön. Köttet blir saftigt och gott, både mörare och mörkare än dagens vita tamsvin.

En pigghamgris är en treraskorsning där suggan är en korsning av lantras och yorkshire och galten är av rasen hampshire eller duroc. Korsningen ger ett fint marmorerat kött och är den vanligaste i slaktbesättningar i Sverige. Den har även resulterat i en gris som har snabbare tillväxt och större fruktbarhet. Är detta månde början till en Belgian pig?

Grisen är ett mycket socialt djur med ett väl utvecklat beteende för att kommunicera. Över tjugo läten har identifierats. En stor del av sin vakna tid ägnar grisen sig åt att söka föda. Den bökar efter maskar och insekter som utgör proteintillskott till huvudfödan som är växter. Det händer också att den jagar smågnagare och andra bytesdjur. För att grisen ska trivas behöver den en vältringsplats. Den är känslig för värme och kan inte reglera sin kroppstemperatur genom svettning, och vältrar sig därför i gyttja. På så sätt får den ett skyddande lager av lera som också skyddar den ljusa hyn mot solen. Detta till trots är grisen ett renligt djur och vill inte förorena i boet eller i områden där den söker föda.

Miljöaspekter på grisens utfodring

I ekologisk grisuppfödning ska minst femtio procent av den totala årsförbrukningen av foder vara hemmaproducerat och minst åttiofem procent måste vara KRAV-märkt. Ekologiskt uppfödda grisar lever ett sundare liv än innegrisar, om de sköts på rätt sätt. Frisk luft minskar lungproblem och har de gott om plats smittar de inte varandra med infektioner. Grovfoder och möjlighet att böka i marken bidrar också till en bättre tarmflora.

Kunskap om grisarnas naturliga beteende gör det lättare att skapa förutsättningar för en lyckad ekologisk grishållning. Det innebär att:

- ge grisarna tillräckligt med utrymme så att alla djur kan äta och sova samtidigt
- inte ha för många djur i samma flock
- ge grisarna möjlighet att böka och gyttjebada
- låta grisarna äta, gödsla och sova på skilda ställen

Äppel- och baconfyllda rulader med äppel- och morotstzatziki

5 – 6 portioner

Äppel- och morotstzatziki är något mina barn älskar som dipp eller på knäckemacka! Det är också ett utmärkt tillbehör till sallad och kött.

Tips: På morgonen innan du går hemifrån, häll ner yoghurt eller fil i silduk. När du kommer hem är det klart. Spar gärna vasslen, den kan du baka bröd på. Se recept sidan 148.

10 – 12 tunna skivor fläskkött från bog eller skinkstek
5 msk dijonsenap
havssalt
vitpeppar från kvarnen
3 äpplen
10 – 12 skivor bacon
bindgarn eller tandpetare
rapsolja till stekning
vatten att bräsera i

GÖR SÅ HÄR

Lägg köttskivorna på en skärbräda, stryk på dijonsenap och salta och peppra.

Riv äpplena på grova sidan av rivjärnet, låt skalet vara kvar. Fördela på köttskivorna och toppa med en baconskiva på varje.

Rulla samman tajt till rulader och fäst med tandpetare eller bindgarn.

Stek i rapsolja i medelvarm stekpanna tills ruladerna fått fin färg runt om.

Häll på lite vatten och låt bräsera under lock på svag värme ca 10 minuter.

Servera även skyn som bildas i stekpannan.

Äppel- och morotstzatziki

1 l mild ekologisk yoghurt eller filmjölk
silduk och sil
2 äpplen
½ morot
2 vitlöksklyftor
havssalt

GÖR SÅ HÄR

Häll av yoghurten. Låt droppa av under natten.

Riv äpplena på grova sidan av rivjärnet, låt skalen vara kvar.

Skala och riv moroten på samma sida.

Riv vitlöken på fina sidan eller pressa i vitlökspress.

Blanda samman allt det rivna med den avrunna yoghurten.

Smaka av med havssalt.

Apelsin- och rosmarinbräserad endive och fänkål

5 – 6 portioner

Endiver har så härliga bittra toner i smaken. Det är sällan man möter bittra smaker nu för tiden så passa på när det finns fina endiver i butiken.

3 – 5 endiver, beroende på storlek
3 stora fänkålsstånd
½ dl olivolja
2 apelsiner, saften av båda + skalet av 1
1 färsk, lång rosmarinkvist
havssalt
svartpeppar från kvarnen

GÖR SÅ HÄR

Skölj och skär endiverna i fjärdedelar.

Skölj och skär fänkålen i klyftor som blir jämnstora med endiverna.

Lägg alltsammans i ugnsform och ringla över olivoljan.

Tillsätt apelsinsaften och riv över apelsinskalet, ej det vita.

Strö över havssalt och svartpeppar.

Ställ in i ugnen och bräsera till mjuk konsistens på 180 grader ca 30 minuter.

Salviastekt fläsk

5 – 6 portioner

"Fläsk de' e' gött de'!"
Rimmat fläsk är en sak och färskt fläsk något helt annat. Det är så fantastiskt gott med färskt fläsk som man saltar direkt i stekpannan. Det är klart att det blir lite dyrare men vi äter det lite mer sällan istället. Prova att panera i stenmalet dinkelmjöl och torkad salvia.

500 g färskt fläsk från utegris
1 dl stenmalet dinkelmjöl
2 msk salvia
1 msk havssalt
rapsolja att steka i

GÖR SÅ HÄR

Skiva fläsket tunt.

Blanda dinkelmjöl, salvia och havssalt på en flat tallrik.

Vänd fläsket i blandningen och stek i rapsolja på ganska hög värme.

Servera till bräserad fänkål – mums! (Se sidan 130)

Currykokta rotfrukter som på Sri Lanka

5 – 6 portioner

Under en period bodde jag på Sri Lanka och lärde mig då uppskatta denna curry. Naturligtvis kunde jag inte glömma den och har därför nu anpassat den till mitt svenska kök. Om du vill ha en fullvärdig vegetarisk måltid kan du blanda i kikärtor eller dina favoritbönor.

6 potatisar
2 morötter
2 persiljerötter
1 stor gul lök
1 vitlöksklyfta
2 msk rapsolja
1 msk currypulver
1 tsk chilipulver
1 tsk bockhornsklöver
1 tsk gurkmeja
havssalt
2 burkar kokosmjölk
½ lime, skal och saft

GÖR SÅ HÄR

Skala potatis, morot, rotpersilja, gul lök och vitlök.

Skär potatisen i klyftor och moroten i stavar.

Skär rotpersiljan i snedskurna slantar och den gula löken i båtar.
Finhacka vitlöken.

Häll rapsolja i en stor kastrull och fräs alltsammans ca 2 minuter.

Tillsätt curry, chili, bockhornsklöver, gurkmeja, havssalt.
Rör om och tillsätt kokosmjölken.

Låt koka samman under lock ca 30 minuter.

Smaka av med limesaft och skal.

Helstekt rullad fläsksida

5 – 6 portioner

Minns när jag var liten och fick friterad svål – så makalöst gott det var! Nämner man det nu för tiden rynkar många på näsan. Men att köpa ljumma friterade svålbitar när man går på bio, det tycker många smakar bra. Då vet man kanske inte att de är kryddade med glutamat och annat. Vart har förhållningssättet till naturlig mat tagit vägen?

1 hel sida färskt sidfläsk, ca 30 x 30 cm
havssalt
vitpeppar från kvarnen
1 msk hel kummin
1 stor gul lök
1 knippe storbladig persilja

GÖR SÅ HÄR

Tag bort svålen från fläsket om den finns kvar.

Salta, peppra och strö över kummin på fläsksidan.

Lägg på den tunt skivade löken och den grovhackade persiljan.

Rulla sidan tajt och bind med bomullssnöre.
(Se momentbild på sidorna 86 och 87 där visas lammbringa.)

Stek i ugnen på 175 grader i ca 80 minuter till en innertemperatur på 68 grader.

Helstekt fläskkarré med varm vit- och surkål

5 – 6 portioner

Den varma kålen som får värmas i skyn från karrén blir underbar. Servera gärna med en god ekologisk potatis, typ Asterix eller Nadine. Eller till korngrynssalladen (se sidan 141) men uteslut då ädelosten.

Naturlig mjölksyra innehåller mjölksyrebakterier och har inget med laktos att göra. I studier har det visat sig att allergier minskar om man äter det kontinuerligt.

1½ kg karré från utegris eller Linderödsgris
havssalt
vitpeppar från kvarnen
rapsolja att steka i och att smörja ugnsformen med
1 huvud vitkål eller spetskål
1 burk surkål, 350 g
1 tsk hel kummin
stektermometer

GÖR SÅ HÄR

Om du vill tajta upp karrén och få en fin form så binder du upp den med bindgarn.

Klappa in havssalt och vitpeppar runt om hela karrén.
Stek i rapsolja runt om så den får fin gyllenbrun färg. Lägg i smord ugnsform.

Sätt in i ugnen på 170 grader med en termometer instoppad i mitten för perfekt resultat.

Tag ut karrén när termometern visar 45 grader. Lägg vitkål och surkål runt om och krydda med kummin. Ställ in i ugnen igen och låt baka vidare till 68 grader i innertemperatur.

Tag ut och linda in steken i folie. Låt vila en stund så blir köttet saftigare då köttsaften stannar kvar. Skär i tunna skivor, servera med kålblandningen och njut!

Korngrynssallad med ädelostvinägrett och valnötter

5 – 6 portioner

På bilden använder vi lila morot, nu kommer det en massa spännande nya morötter – runda, gula, lila... Fråga i butiken om de kan ta hem. Valnötter är otroligt nyttiga, tag för vana att äta några varje dag så får du lätt i dig omega 3.

7 ½ dl hela korngryn
vatten till kokning
havssalt
2 stora morötter av valfri färg och form
1 msk smör
1 nypa råsocker
1 näve valnötter

GÖR SÅ HÄR

Koka korngrynen enligt förpackningen, salta efteråt.

Skala, strimla och blanchera morötterna i lite lättsaltat vatten med en liten klick smör och en nypa råsocker, vattnet ska inte täcka morötterna. Koka bara 2 minuter för att de ska hålla kvar spänsten och bjuda tuggmotstånd.

Rosta valnötterna och hacka dem grovt.

Blanda korngrynen med morötter och valnötter. Servera med ädelostvinägrett.

Ädelostvinägrett

1 hel ädelost av mild och krämig sort, t ex blå kornblomst eller blå castello
1 dl rapsolja
2 – 3 msk vitvinsvinäger
lite citronsaft för balansens skull
cayennepeppar efter smak
havssalt

GÖR SÅ HÄR

Mosa osten och blanda med rapsolja och vitvinsvinäger. Smaka av med citronsaft, cayennepeppar och havssalt. Har du mixer eller matberedare är det enkelt att blanda samman alla ingredienser. Kör bara en kort minut så är det klart.

KORNGRYN

Korngryn är klippta och skalade bitar av korn (bjugg på fornsvenska). Det odlas över hela landet och utgör ett bra alternativ till importerade spannmål, såsom bulgur och couscous. Vill man göra en sallad lite matigare passar de utmärkt. Kan används även i soppor och grytor och förekommer ofta i charkprodukter, till exempel i isterband. Den innersta delen av korngryn kallas pärlgryn.

Tjocka revben med smak av Asien och Norden

5 – 6 portioner

Att välja färska kryddor långt bortifrån verkar kanske dumt. Men jag tror att om en omställning skall vara hållbar kan man inte hela tiden avstå från allt. Man måste tillåta avsteg, men de behöver inte göras så ofta. Vill du inte göra avsteg så strunta i ingefära och citrongräs och tillsätt i stället ett par lagerblad och en liten skvätt ättika för syran.

8 – 9 hg tjocka revben av utegris
vatten så det täcker
havssalt
1 gul lök, hel och tvättad samt med skalet kvar
1 tumme färsk ingefära, skivad
1 citrongräs

GÖR SÅ HÄR

Koka revbenen i lättsaltat vatten tillsammans med lök, ingefära och citrongräs.

Låt koka ca 30 minuter tills revbenen känns möra.

Detta kan du göra dagen innan och sedan grilla dem dagen därpå.

Marinad till grillningen

1 tumme färsk ingefära
3 vitlöksklyftor
2 dl tamari
1 cm färsk chili
½ msk råsocker
1 dl rapsolja
1 tsk havssalt
1 tsk svartpeppar från kvarnen
1 apelsin, saft och skal

GÖR SÅ HÄR

Blanda alla ingredienser i mixer och pensla blandningen på revbenen.

Sätt in i ugnen på 225 grader och griljera till fin färg.

Rotmos med senapskräm
5 – 6 portioner

Hemlagat rotmos kan jag riktigt längta efter, det är min favoriträtt. Med bara en klick smör – mmm! Eller med en klick god senap.

Jämför med ett pulverrotmos – läs på innehållsdeklarationen och var glad över alla tillsatser du slipper!

2 små kålrötter, ca 700 g
6 – 7 potatisar
3 morötter
vatten
havssalt
smör
2 lagerblad

GÖR SÅ HÄR
Skala kålrötter, potatis och morötter och skär i mindre bitar. Slå på vatten så det täcker och lägg i lagerblad och salt. Låt kålrot och morot koka 10 minuter och lägg sedan i potatisen. Koka vidare tills allt blir mjukt.

Häll av kokvattnet i ett annat kärl så du kan spara det.

Tag elvispen och stöt först sönder bitarna med visparna.

Lägg i smöret och vispa, späd med kokvatten till lagom tjock konsistens och fortsätt vispa till ett slätt härligt rotmos. Smaka av med havssalt.

Senapskräm
1 burk crème fraiche, 250 g
2 msk dijonsenap
havssalt
svartpeppar från kvarnen

GÖR SÅ HÄR
Vispa crème fraichen till hårt skum med elvispen. Tillsätt dijonsenap, havssalt och svartpeppar. Rör om försiktigt så du får en fluffigt krämig och tjock senapskräm.

Rotfruktssoppa på rotmoset som blev över från igår

5 – 6 portioner

Det är gott att strimla i lite fläsk eller bara äta soppan med lite bröd.

4 dl rotmos
4 dl vatten
3 msk grädde eller sojagrädde
havssalt
svartpeppar från kvarnen

GÖR SÅ HÄR

Koka upp rotmos och vatten och mixa helt slätt i mixer.

Häll tillbaka i kastrullen och tillsätt grädden.

Smaka av med havssalt och svartpeppar.

HAVSSALT

Havssalt är ett råsalt som utvinns ur havsvatten genom att det får dunsta bort i bassänger. Ekologiskt havssalt är fritt från tillsatser och kemisk behandling. Det är oraffinerat, det vill säga det har fått behålla mineralerna magnesium, kalcium, kalium samt spårämnen som normalt finns i havsvatten. "Vanligt salt" däremot, natriumklorid, kan tillverkas kemiskt eller genom att naturligt råsalt löses i vatten, kokas och får kristalliseras om. Salt är ett livsmedel, inte en livsmedeltillsats, och har därför inget E-nummer.

Tips för den som fått i sig för stark mat: Tag lite salt på tungan eller skölj munnen med saltvatten.

Skållad grov rågfralla
5 – 6 portioner

Skållning dag 1
3 dl/300 g vatten
½ dl rågkärnor
½ dl solrosfrön
½ dl pumpafrön
½ dl linfrön

GÖR SÅ HÄR

Koka upp vattnet och häll det över rågkärnor, solrosfrön, pumpafrön och linfrön.

Låt stå över natten eller under dagen. Man kan till exempel göra det på morgonen och baka när man kommer hem.

Fortsättning dag 2
5 dl vassle eller vatten
50 g färsk jäst
300 g rågmjöl
600 g stenmalet vetemjöl
20 g havssalt

GÖR SÅ HÄR

Tillsätt vassle eller vatten samt jäst. Jobba in rågmjöl och stenmalet vetemjöl för hand så länge du orkar, ca 10 minuter. I degblandare tar det 7 minuter på låg hastighet.

Tillsätt havssalt och jobba ytterligare 4 minuter i maskin eller 6 minuter för hand.

Låt jäsa till dubbel storlek under kökshandduk.

Tag upp degen på köksbänken och dela i 12 lika stora bullar.

Forma till frallor efter ditt tycke och lägg på plåt.

Pudra på med lite extra rågmjöl, det ger ett schysst utseende.

Låt jäsa ytterligare 30 minuter på plåten under duk.

Grädda på hög värme, ca 225 grader, i 12 minuter.

FÅGEL

FÖRFÖRISKT FJÄDERFÄ

"Barn älskar kyckling, men det är dyrt att köpa in till skolköken. Helst köper vi färska, ekologiska kycklingar. Fast det har vi inte alltid råd med. Ibland blir det därför konventionell kyckling. Då känner vi oss som bovar ..."

Vilka regler gäller för ekologisk fågelköttsproduktion?

I en bok från 40-talet står det: *"Hönsskötsel går ut på att bereda hönsen största möjliga trefnad"*. Kan det sägas bättre?

Idag finns det en stor ekologisk kycklingproducent, men även många mindre lantbrukare vill finna sin plats i den ekologiska fågelköttsproduktionen. Allt fler människor ser vikten av att djuren får leva i frihet med goda möjligheter till ett naturligt beteende. Vi som konsumenter ser också värdet av att äta kött fritt från antibiotika och kemikalier.

I den ekologiska djurhållningen får kycklingarna vara ute och krafsa, sandbada och picka mask. Alla fjäderfän ska ha tillgång till rastgårdar utomhus, under minst en tredjedel av deras liv. Lägsta slaktålder för kycklingar är 81 dagar (jämför konventionell uppfödning 33 dagar). Motsvarande för gäss eller kalkoner är 140 dagar. Fortfarande används så kallad koccidiostatika vid konventionell uppfödning för att skydda kycklingarna mot sjukdomen koccidios, orsakad av en tarmparasit. Konsekvensen av den förebyggande medicineringen är en snabbare tillväxt, varför man kan slakta djuren redan vid en ålder av 33 dagar. Karenstiden på koccidiostatika är endast sex dagar. På den korta perioden ska alltså medicinen ut ur kroppen.

Fågelinfluensan – hur uppstod den?

Fågelinfluensan har funnits bland både vilda och tama fåglar i århundraden. Oftast i milda former, ungefär som en vanlig förkylning. Det finns inget som tyder på att vare sig vilda fåglar eller frigående höns har haft någon större roll i spridningen av viruset H5N1 som det nya, högvirulenta fågelinfluensaviruset heter. Spridningsbilden pekar i stället på den snabbt expanderande industriella fågeluppfödningen i Sydostasien som problemets källa. I länder som Thailand, Indonesien och Vietnam har fågelproduktionen åttafaldigats de senaste trettio åren. Stora kycklinghangarer, standardiserade kommersiella raser, färdigblandat foder från fabriker, så ser mönstret ut. I Laos däremot, är den storskaliga fågeluppfödningen begränsad till ett hundratal anläggningar. Resten, 90 procent, bedrivs fortfarande under traditionella former med småflockar av höns, ankor, och vaktlar på bakgårdar runt om i landet. Här har endast tre fall av fågelinfluensa rapporterats, alla i anslutning till storskaliga producenter.

Det finns nästan ingen koppling mellan fågelinfluensans spridning och de etablerade flyttfågelsträcken. Smittan förekommer tvärtom i länder som helt saknar flyttfågelförbindelse. Kopplingen finns däremot i handeln med ägg och kycklingar. Drabbade länder som Egypten och Turkiet är ledande inom branschen och har ett stort utbyte med den sydostasiatiska fågelsektorn. Kommersiella foderblandningar är en annan trolig smittväg. Sannolikt använder många fodertillverkare slaktrester och gödsel från fågelslakterier och fågeluppfödning som ingredienser i fodret, enligt Peter Einarsson på Ekologiska Lantbrukarna. En annan smittväg är användningen av ströbäddar från fågeluppfödning som foder till odlad fisk, en sedan länge etablerad praxis i Asien. Fågelindustrin med mycket mäktiga intressen bakom sig skulle gå mot en ekonomisk katastrof om restriktioner för handeln med fågelprodukter infördes.

Varför inte se Laos som en modell för den övriga världen? Små besättningar, självförsörjning av foder och rekryteringsdjur, stor genetisk variation, ett koncept som fungerat bra sedan urminnes tider då de första djungelhönsen levde just där.

Apelsin- och fänkålsmarinerad kycklingklubba

5 – 6 portioner

Försök hitta kycklingklubborna hos någon schysst producent, t ex Bosarp. Marinaden passar bra även till fläskkött. Vill du grilla ute som ett alternativ till ugnen så går det alldeles utmärkt. Om du vill kan du köpa hel kyckling, stycka den och laga på samma sätt.

Marinad

1 fänkålsstånd
½ dl rapsolja
1 ½ apelsin, saft och skal (ät och njut av den andra halvan)
1 dl tamari
havssalt
1 nypa cayennepeppar

GÖR SÅ HÄR

Skölj och strimla fänkålen. Stek den mjuk i rapsolja.

Lägg den med övriga ingredienser i mixer och mixa.

Kycklingklubbor

5 – 6 kycklingklubbor
2 fänkålsstånd
1 sats fänkålsmarinad

GÖR SÅ HÄR

Skölj och båta fänkålen.

Pensla marinaden på kycklingklubborna och lägg i en ugnsfast form tillsammans med den båtade fänkålen. Häll på resten av marinaden och grilla i ugn på 175 grader ca 35 minuter.

Det blir så gott när allt steks tillsammans, kycklingbuljongen sipprar ut och blandar sig med fänkålen. Mums!

Bön- och potatissallad

5 – 6 portioner

När du kokar bönor, koka mycket och frys in det som blir över i portionsförpackningar. Det är perfekt att kunna ta fram när man har bråttom.

2 ½ dl blandade kokta bönor (gärna kidneybönor eller adukibönor)
6 potatisar, ca 750 g
2 rödlökar

GÖR SÅ HÄR

Skala och skär potatisarna i klyftor. Koka klyftorna i lättsaltat vatten, så lite att det knappt täcker. Häll av kokvattnet, ånga av och låt potatisen svalna något.

Skala och båta rödlökarna tunt. Blanda potatis, rödlök och bönor med senapsdressingen.

Senapsdressing

2 msk skånsk senap
2 msk söt vanlig senap
2 tsk dijonsenap
1 msk råsocker
2 msk rapsolja
1 msk rödvinsvinäger
2 ½ dl gräddfil
havssalt
svartpeppar från kvarnen

GÖR SÅ HÄR

Blanda samman de olika senapssorterna med råsocker, rapsolja och rödvinsvinäger.

Vispa lätt med visp så att det inte skär sig.

Vänd ner gräddfilen, smaka av med havssalt och svartpeppar.

Majssoppa med topping av färsk majs och purjolök

5 – 6 portioner

När majs är i säsong använder du naturligtvis färsk majs. Det finns så många olika sorter.

Prova dig fram genom att smaka på det färska majskornet. När färsk majs inte är i säsong finns det bra frysta alternativ med KRAV-märket på.

450 g majskorn
1 gul lök
2 potatisar
ca 1 l vatten eller kycklingfond
1 dl mjölk
havssalt
vitpeppar från kvarnen
cayennepeppar
vitvinsvinäger

GÖR SÅ HÄR

Skär loss alla majskorn från majsstocken eller köp fryst majs, absolut inte på burk.

Skala och båta lök och potatis för att korta ner koktiden.

Lägg ner alltsammans i en kastrull och fyll på med vatten/kycklingfond så att det täcker och lite till.

Koka tills potatis och lök är helt mjuka. Häll soppan i mixer och mixa den slät, men spara några majskorn till toppingen.

Om du vill ha bort de sista restbitarna av majsskalen kan du passera soppan genom en trådsil.

Häll tillbaka soppan i kastrullen och späd med mjölk.

Smaka av med havssalt, vitpeppar, cayennepeppar och vitvinsvinäger.

Servera med toppingen.

Topping

Denna topping är även god som smörgåspålägg.

5 cm purjolök
3 dl alfagroddar
färska kokta majskorn från en majskolv

GÖR SÅ HÄR

Strimla purjolöken tunt, blanda med alfagroddar och majskorn och toppa soppan med blandningen.

Helgrillad kyckling med ekologiskt smör

5 – 6 portioner

En god fågel kräver inte mer jobb i köket. Spara skrovet, orkar du inte koka kycklingfond direkt går det bra att frysa och koka senare.

Jag samlar skrov och gör ett större kok. Det ger basen till en god sås eller en härlig soppa. Recept på kycklingfond finns på sidan 165.

1 stor fin Bosarpkyckling
1 msk havssalt
½ msk vitpeppar från kvarnen
100 g ekologiskt smör

GÖR SÅ HÄR

Gnid in salt och vitpeppar både inuti och utanpå kycklingen.

Lägg den i en smord form och grilla i ugnen på 170 grader ca 45 minuter.

Ös kycklingen efter halva tiden och hyvla då på 3 skivor smör som får smälta ner på fågeln. Det ger ett krispigt skinn.

Kycklingfond

5 – 6 portioner

2 kycklingskrov av god kvalitet
ca 2 l vatten eller så att skroven täcks
1 gul lök
1 morot
1 liten persiljerot
5 svartpepparkorn
5 vitpepparkorn

GÖR SÅ HÄR

Lägg skroven i en stor kastrull och täck med vatten. Skala och skär lök, morot och persiljerot i grova bitar. Lägg ner i grytan tillsammans med pepparkornen och koka under lock ca 50 minuter.

Tag bort skroven. Sila av och låt buljongen reducera utan lock tills ca 3 dl återstår.

Häll i iskubsformar och frys in.

Rött råris med broccoli och vita bönor

5 – 6 portioner

Första gången jag smakade rött råris brast jag ut i skratt, så ljuvligt smakade det! Sedan dess har det blivit ett favoritris för mig. Här en variant som är god att äta rakt upp och ner, med smak av Thailand. Mycket av det röda råriset kommer annars från Italien.

De vita bönorna blötläggs kvällen innan, tas fram ur frysen om du kokat för mycket tidigare eller köpes på burk.

5 dl rött råris
1 stort stånd broccoli
havssalt
2 små rödlökar
5 dl kokta vita bönor

GÖR SÅ HÄR

Koka råriset enligt anvisning på förpackningen (som jasminris).

Skölj och ansa broccolin. Skär i fina buketter med långa stjälkar.

Skala och båta rödlöken.

Koka upp vatten och salt, bara 2 cm i botten på kastrullen. Lägg i rödlök och broccoli och låt koka under lock några minuter. Lyft sedan på locket, vänd runt grönsakerna, lägg på locket igen och fortsätt koka. Upprepa proceduren tills du fått broccolin så mjuk du vill ha den. Jag personligen älskar när den är ganska hård.

Gör den varma dressingen och häll över det kokta röda råriset. Blanda samman med broccoli, rödlök och vita bönor.

Varm dressing

1 stor gul lök
1 tumme färsk ingefära
2 vitlöksklyftor
3 limeblad
1 citrongräs
grön färsk chili efter smak
1 slurk rapsolja i botten på kastrullen
1 burk kokosmjölk, 400 g
havssalt

GÖR SÅ HÄR

Skala och båta den gula löken tunt. Skala och strimla ingefäran. Strimla limeblad, citrongräs och chili tunt. Stek alltsammans i rapsolja tills den gula löken blivit lite glasig till sitt utseende.

Häll på kokosmjölken och koka samman under lock tills allt blir mjukt.

Mixa till en slät sås och smaka av med havssalt.

Kycklinglevergryta med äpple

5 – 6 portioner

Vart tog kycklinglevern vägen när man köper en hel kyckling? Den som brukade ligga i en påse inuti. Kycklinglever är så gott även bara stekt i sallader. Fråga efter lever från eko-fågel, det finns att tillgå.

450 g kycklinglever
2 – 4 persiljerötter beroende på storlek
2 – 3 msk olivolja
havssalt
140 g ekologiskt bacon
6 schalottenlökar eller 2 bananschalottenlökar
2 syrliga äpplen, t ex Aroma eller Royal gala
2 dl vatten
1 dl grädde
svartpeppar från kvarnen

GÖR SÅ HÄR

Skala och skär persiljerötterna längsgående.
Lägg dem i en ugnsfast form, ringla över olivolja och strö över havssalt.
Baka dem i ugnen i 15 – 20 minuter på 180 grader.

Skär baconet i 3 cm långa bitar.
Knaperstek det och lyft ur pannan men spara fettet.

Ansa och dela kycklinglevern i mindre bitar.
Skala och strimla schalottenlöken.

Stek kycklinglever och schalottenlök i baconfettet.

Skär båtar av äpplena men behåll skalet. Tillsätt i grytan, häll på vatten och grädde och låt sjuda samman ca 5 minuter utan lock.

Strö över det knaperstekta baconet och dra ett par varv med svartpepparkvarnen.

Zucchinivariation med eller utan svampsås

5 – 6 portioner

Zucchini är italienarens ord för squash som vi säger. Fransmännen säger courgette. Det finns vintersquash som är lagringstålig, t ex butternut, big mama, green sweet. Så det är bara att välja utifrån säsong. På sensommaren växer ju squashen så det knakar. Priset är lågt och den är fantastiskt god.

I detta recept har jag använt mig av den gröna och butternut, båda lätta att hitta i grönsaksdisken.

1 – 1,2 kg blandade squashsorter
½ dl olivolja
havssalt
svartpeppar från kvarnen

GÖR SÅ HÄR

Skala butternutsquashen, tag ur kärnhuset och dela i fina jämnstora bitar.

Skölj och skär den gröna squashen i stora bitar.

Lägg alltsammans på en plåt, ringla över olivolja och krydda med havssalt och svartpeppar.

Rosta i ugn på 180 grader i 15 – 20 minuter.

Svampsås

200 g färska skogschampinjoner
4 – 5 små schalottenlökar
2 vitlöksklyftor
rapsolja att steka i
3 msk dinkelmjöl
4 dl mellanmjölk
2 – 3 tsk vitvinsvinäger
½ dl grädde
2 nypor havssalt
1 nypa vitpeppar från kvarnen
1 nypa cayennepeppar

GÖR SÅ HÄR

Skölj och skiva champinjonerna tunt.

Skala schalottenlöken och skiva i tunna båtar. Skala och finhacka vitlöken.

Stek allt i rapsoljan tills champinjonerna inte släpper vätska längre utan det är torrt i kastrullen.
Låt svampen få lite färg.

Blanda dinkelmjöl och mjölk, häll ner över svamp och lök och låt koka samman 5 – 10 minuter. Smaka av med vitvinsvinäger, grädde, havssalt, vitpeppar och cayennepeppar.

Kycklingfrikadeller med dill
5 – 6 portioner

Frikadeller kan kokas eller stekas, jag föredrar att steka för det blir så GOTT.

450 g kycklingkött av lårfilé eller bröst
1 ägg
2 ½ dl grädde
1 msk vitvinsvinäger
2 rejäla nypor havssalt
½ dl färsk dill
rapsolja till stekning

GÖR SÅ HÄR

Lägg kycklingköttet i en matberedare tillsammans med ägg.

Kör några varv så att det blir en smet.
Tillsätt grädde, vitvinsvinäger och salt.

Kör vidare tills du har en slät färs.
Grovhacka dillen och kör med i det sista.

Gör ett litet stekprov och känn om det är lagom salt.

Tag upp färsen och forma med blöta händer till ägg.
Stek i rapsolja till gyllenbrun färg.

Stekt bröd

5 – 6 portioner

Detta bröd är enkelt och supergott. När jag bodde på Sri Lanka lärde jag mig att baka roti som det kallades där. Du kan smaksätta det med färsk chili eller färsk finhackad ingefära. Du kan också bara steka brödet med ett par hackade vitlöksklyftor vilket ger god vitlökssmak. Mina gäster på skolrestaurangerna älskar detta bröd som mellanmål. Då passar vi på att stoppa lite fibrer och nyttigheter i degen såsom linfrön, pumpafrön eller kli av något slag. Det är bara att experimentera sig fram.

5 dl/500 g kallt vatten eller kokosmjölk
15 g färsk jäst
900 g stenmalet vetemjöl
50 g olivolja
20 g havssalt
rapsolja till stekning

GÖR SÅ HÄR

Blanda samman alla ingredienser utom rapsolja till en fin och fast deg.

Har du degblandare kör du allt utom saltet ca 7 minuter.
Tillsätt sedan saltet och blanda ytterligare 4 minuter.

Låt degen jäsa under kökshandduk till dubbel storlek.

Baka ut till platta runda bullar och stek på medeltemperatur i lite rapsolja.

RIS | Det går att odla ekologiskt ris utan bekämpningsmedel. Risbonden i Laos berättar hur det kan gå till.

Tankar hos en risbonde i Laos

"Jag har varit risbonde i hela mitt liv och vet att det varken behövs konstgödsel eller bekämpningsmedel för att hålla risfälten i ordning. Min metod är traditionell när det gäller att gödsla och hålla ordning på skadedjuren. Jag låter stora flockar av tama ankor få äta sig feta på alla de djur som lever i risfälten. De betar av ruta för ruta efter mina instruktioner till ledarankan som går först. När jag knäpper med tungan eller klappar händerna vet de att det är dags att börja jobba. Förutom att mumsa i sig sniglar och annat som skadar risplantorna silar ankorna vattnet i risfältet genom sina näbbar och renar det på så sätt. När det är dags att skörda riset säljer jag ankorna med god förtjänst på marknaden då de blivit både stora och feta."

Fisk är ett annat bra bekämpningsmedel. Den speciella sorts fisk som finns i risfälten lägger sin rom djupt nere i leran och ligger i "dvala" när fälten är torrlagda. När sedan vattnet kommer väcks de till liv, kläcks och växer sig snabbt stora. Liksom ankorna och andra djur rensar de fälten samtidigt som de gödslar genom att sprida sin avföring i vattnet. Strax innan fälten töms på vatten brukar folk stå och fiska i risfälten, en populär sysselsättning som mättar många munnar.

Odlingen och transporten av ris förbrukar fem gånger mer energi än inhemsk potatis.

POTATIS | Potatis är ett hälsosamt livsmedel som kan odlas helt utan kemiska bekämpningsmedel. Ändå är potatisen den mest besprutade grödan i Sverige. Den besprutas i förebyggande syfte mot bladmögel, ogräs och insekter och för att få blasten att vissna vid rätt tidpunkt. I en del odlingar kan den besprutas upp till 12 gånger under en och samma säsong. Våra vanligaste sorter Bintje och King Edward har låg motståndskraft mot sjukdomar och besprutas därför mest av alla. Det skadar pollinerande insekter som bin och är också mycket giftigt för djur som lever i vatten.

Om vi alla istället skulle välja obesprutad, svensk ekologisk potatis skulle följden bli att 95 ton bekämpningsmedel per år aldrig fick tillfälle att påverka miljön och vår hälsa. Vid ekologisk potatisodling används mekaniska och biologiska metoder. Potatis bör inte odlas oftare än vart sjätte år på samma ställe och det finns idag potatissorter som är mindre känsliga för bladmögel, vilket har gjort det möjligt att producera i större skala. Följden blir bättre livsvillkor för insekter, fåglar och vattendjur och det gynnar sannolikt även oss människor på lång sikt. Som konsumenter kan vi driva på utvecklingen genom hur och vad vi handlar.

Potatis kan varieras i det oändliga och ätas pressad, stekt, i sallader, gratänger, soppor och så vidare. Klassikern, kokt potatis, börjar tyvärr bli ovanlig trots att det är det mest energisnåla sättet att tillaga den om man inte har mer vatten i kastrullen än att det precis täcker och har locket på under kokningen.

Pulvermos eller hemlagat?

Utbudet av potatismos i pulverform bara ökar i butikshyllorna – King Edward-mos, rotmos, fiberrikt potatismos och så vidare. Den finfördelade potatisen i pulvermoset har en betydligt högre GI (glykemiskt index) än kokt potatis, något som medför övervikt, diabetes och hjärt-kärlsjukdomar. Risken är att pulvret dessutom är gjort på importerad icke-ekologisk potatis. Cirka hälften av de beredda potatisprodukterna och all bakpotatis importeras och ofta används ännu mer bekämpningsmedel i potatisodlingen utomlands. Det finns alltså all anledning att göra sitt mos själv, och vilken skillnad det blir på smaken.

GMO-HANDELN | Det multinationella amerikanska företaget Monsanto kontrollerar 90 procent av världens gmo-handel (GMO = genetiskt modifierade organismer). Monsanto började med PCB och dioxin och har sedan fortsatt att utveckla kemiska bekämpningsmedel i jordbruket. Ett av de mest kända, Round Up, används till och med av trädgårdsodlare.

Den franska jordbrukardottern och journalisten Marie-Monique Robin har under tre års tid studerat Monsantos imperium vilket resulterat i boken "Världen sedd med Monsantos ögon från dioxin till gmo", samt en dokumentärfilm. I filmen belyser Robin hur företaget utverkat påtryckningar på politiker och industri och hur obekväma forskare omplacerats eller avskedats. Forskningsresultat som uppdagat ett samband mellan kemiska växtskyddsmedel och cancer har förvanskats. En annan aktivist som jag personligen träffat är den indiska kärnfysikern Vandana Shiva, verksam inom antiglobaliseringsrörelsen samt i kampen mot Monsanto för de små lantbrukarna i Asien.

Med en årsomsättning på 7,5 miljarder dollar och ett nätverk som sträcker sig över fyra kontinenter och 46 länder är Monsanto en maktfaktor med mycket stora möjligheter att styra utvecklingen. Kommer vår risbonde i Laos att kunna fortsätta med sitt för naturen och kretsloppet så viktiga arbete, eller kommer han att tvingas övergå till kemiska bekämpningsmedel och därmed säkra framtiden för företag som Monsanto? I slutändan är det vi konsumenter som bestämmer vilka produkter vi väljer när vi handlar. Ett enkelt val kan man tycka.

VETE | Brödet är en mänsklig rättighet. Ett nyttigt, rent bröd bör alla ha tillgång till. Brödet vi köper kan avslöja en hel del om oss som människor, vilken livsstil vi har, vilka trender vi följer och hur mycket vi värnar om miljön. Helst ska vi baka vårt bröd själva, men det kan vara svårt att få till i vardagspusslet. Hembakt eller köpt, trenden är på klart uppåtgående när det gäller bröd bakat på ekologiskt vetemjöl.

Att odla bakvete är ingen lätt uppgift för bönder som vill odla ekologiskt då proteinhalterna i det svenska vetet undantagslöst är mycket låga, och proteinet är viktigt för jäsningen. För att underlätta jäsningsprocessen tillsätts amylas som utvinns ur sojaböna och majs. I ekologisk odling får man inte använda lättlöslig handelsgödsel, vilket gör det svårare att styra proteinhalten. Ju sämre jord och klimat, desto mer krävs av odlaren. Ibland får odlaren välja något annat än brödvete, kanske fodervete eller rågvete. Ett grovt bröd passar bra att baka på ekologiskt stenmalet vetemjöl. Malningsteknikerna är viktiga för brödets kvalitet. Brödet blir smakrikare om jäsningstiden förlängs.

DINKEL | Dinkel eller gammelvete/speltvete/spelt har odlats i Norden mycket länge och det är antagligen släkt med dagens vete. Det har troligtvis sitt ursprung i Mellanöstern och under medeltiden vet man att det odlades i Schweiz, Tyskland och Tyrolen. Det har åter blivit populärt då det inte kräver lika mycket gödning som vanligt vete. Dinkel trivs i mager och kalkrik jord och odlas med framgång på bland annat Gotland.

Proteinhalten är lika hög som i ägg, 13 procent och består dessutom av 62 procent kolhydrater, 8,8 procent fibrer och 2,7 procent fett. Det har ett högt innehåll av aminosyror, spårämnen, vitaminer och mineraler, till exempel kisel. Stenmalet dinkel ger ett fullkornsmjöl där hela kärnan med grodd och kli ingår.

KAMUTVETE | Kamuvetet är ursprunget till det vete som vi har idag. Det kommer ursprungligen från Egypten där det sägs att man hittat spår av kamut i pyramiderna. Det innehåller höga halter av protein, mineraler och fett tillika långsamma kolhydrater. Dessutom har det en bra inverkan på mag-tarm-systemet.

Kamutvete ger en god och nötaktig, lite smörliknande smak och passar utmärkt i både sallader, grytor och i stället för ris.

MAJS | Näst efter vete och ris är majs det viktigaste och mest spridda sädesslaget i världen. Ursprungligen kommer det från Amerika där det utgjorde indianernas viktigaste gröda. Till Europa kom det med Christoffer Columbus. Majs innehåller inte gluten till glädje för alla glutenallergiker. I många butiker finns det minimajs att köpa, det är helt enkelt kolvar som skördas innan de blivit fullvuxna. Polenta är små gryn framställda av majskornets kärna. Av polentagrynen görs bland annat gröt som är nationalrätt i norra Italien och alptrakterna.

Majs är den första växt där genmodifierade varianter utgör en stor andel av den odlade arealen. Genmodifiering (GM) är en form av genteknik som omfattar ändring av arvsmassan i en organism. Ordet genmanipulation betyder samma sak men är mer värdeladdat eftersom "manipulation" antyder omoraliska syften. Hittills har försäljningen av genmanipulerade livsmedel, förutom majs även potatis, raps och soja, begränsats. Produkterna måste först godkännas av EU för att få säljas. Att använda genetiskt modifierade organismer i livsmedel är kontroversiellt. Motståndarna menar bland annat att man med GMO kan föra över protein som vissa personer är överkänsliga mot, till andra livsmedel med risk för överkänslighet även där. Förespråkarna hävdar att detta inte har bevisats samt att kontrollen som finns inom EU garanterar säkerheten.

KAFFE | I Sverige ligger vi i topp när det gäller kaffedrickande i världen. Vi konsumerar hela en procent av världens kaffe vilket innebär i snitt nio kilo per person och år. Men endast en dryg hundradel av den mängden garanterar produktionsförhållanden enligt Fairtrade/Rättvisemärkts kriterier.

Kaffe var den första Fairtrade-produkten som en följd av kaffeodlarnas svåra ekonomiska och sociala situation. Idag är det den största Fairtrade-produkten med cirka 230 producentorganisationer i såväl Afrika och Asien som Latinamerika. En premie på sålt kaffe betalas ut till producentorganisationernas medlemmar i syfte att stimulera utveckling av det lokala samhället. Läs mer om Fairtrade på sidan 184.

VIN | Ekologiskt vin säljer bättre och bättre och ligger helt rätt i tiden. Det är dock bara själva odlingsmetoderna som innefattas av eko-märkningen så egentligen är den korrekta beskrivningen ekologiskt odlat vin. Alla viner var ekologiska fram till 1950-talet, det var då kemiska bekämpningsmedel och konstgödning började användas i större skala inom jordbruket. Man kan säga att det finns två typer av ekologiska viner. De som utger sig för att vara det och de som är det utan att visa det. Många kända vinproducenter runt om i världen odlar ekologiskt men långt ifrån alla markerar detta på etiketten. De odlar ekologiskt för sin egen jords bästa, för att inte utarma jorden och naturen. Strävan efter en högre kvalitet på vinerna är alltså det som driver många.

En av världens ledande ekologiska eller biodynamiska vinmakare, Nicolas Joly, bestämde sig i början på 1980-talet för att lägga om sin produktion. Hans vingård Clos de la Coulée de Serrant, ett kloster i Loiredistriktet med anor från 1110-talet, har egen appellation och är därmed en av Frankrikes mest exklusiva vingårdar. Efter en tidig karriär i bankvärlden återvände Joly till sin familjevingård 1977, fast besluten att göra vin i samklang med naturen. Hemligheten är naturlig kompost och ohyrebekämpning med snälla insekter. Druvorna skördas i flera omgångar efter mognad. Vinerna är långlivade och bör helst inte drickas förrän efter 15 år. När de väl öppnas bör det ske en eller ett par dagar innan de ska drickas.

Även om ett vin är ekologiskt innehåller det tillsatser som svavel. Det finns naturligt i vinet men tillsätts också i form av svaveldioxid. Detta för att undvika oxidation men också för att motarbeta bakterier och göra vinet mer hållbart. EU:s vinlagstiftning har dock noga reglerat den tillåtna mängden.

NÅGRA TILLSATSER I VÅRA LIVSMEDEL

Glutamat

Glutamat eller MSG (monosodium glutamate) är en av kroppens aminosyror och behövs i låga halter, dels för att muskler och nervsystem ska fungera, dels i hjärnan som signalsubstans. Naturen är så vist inrättad att kroppens skyddsmekanismer, glial-cellerna, håller glutamathalten på exakt rätt nivå för att hindra att den blir för hög. Naturlig glutamat förekommer i låga halter i många matvaror. Eftersom den är bunden i proteiner tas den upp långsammare av kroppen än den tillsatta som snabbt går ut i blodet och lättare når farliga nivåer. Tillverkad glutamat görs med hjälp av hydrolysering (spjälkning) eller jäsning av proteiner och på köpet följer en del föroreningar.

Vad händer vid överdosering av glutamat som vi får i oss via alla tillsatser i maten?

Forskning visar att skyddsmekanismerna blir överbelastade och glutamathalten i hjärnan stiger, cellväggen öppnas och släpper in kalcium som gör att nervcellen börjar signalera okontrollerat och i slutändan dör. Människor med till exempel lågt blodsocker, vitamin- eller magnesiumbrist blir extra utsatta liksom barn, gamla och foster.

Djur som utsatts för glutamat under dräktigheten visade sig föda ungar som var ointelligenta, kortväxta, överviktiga och hade hormonstörningar. Olika tillsatser förstärker dessutom varandras giftighet. Att dricka en dietläsk som innehåller aspartam samtidigt som man äter snabbmat med tillsatt glutamat ökar kraftigt den totala skadligheten. Överdosering av glutamat skadar även synen då nervcellerna i ögats näthinna förstörs. Indikationer finns på att glutamat påskyndar utvecklingen av demenssjukdomar som Alzheimers och Parkinson.

Vilka livsmedel innehåller glutamat?

Nästan alla smaksalter och färdiga kryddblandningar innehåller mycket höga halter liksom färdigmat, halvfabrikat, pulversoppor, burksoppor och såsmixer. Likaså buljonger, chips, snabbmat, fryst lågpriskyckling, färdigkryddat kött och kinamat. På innehållsförteckningar kan förekomsten av glutamat stå under beteckningen ”smakförstärkare” eller någon av tillsatserna E620 – E625. Det ökade köpmotståndet har dock lett till att livsmedelsindustrin försöker hitta på nya namn, till exempel ”hydrolyserat protein”.

Hur hittar jag alternativ utan glutamat?

KRAV-märkta produkter är fria från tillsatt glutamat liksom de flesta ekologiska livsmedel i hälsokosthandeln. Köper man råvarorna och lagar maten själv har man större möjligheter att undvika tillsatser. I engelskspråkiga länder brukar glutamatfria restauranger skylta med ”No MSG” vilket kan vara praktiskt att känna till.

Azofärger

Den hemlige kocken Mats-Eric Nilsson berättar i sin bok om brorsans pistageglass som färgats med spenat för att få den ”rätta” gröna färgen. Det hör dock till undantagen att färga med ren spenat, de flesta färgämnen som används är syntetiska, så kallade azofärger. De utvanns ursprungligen ur stenkol men tillverkas nu på kemisk väg. Då de kan ge upphov till allergiska reaktioner förbjöds de på 80-talet i svenska livsmedel för att åter släppas fria efter beslut i EU-kommissionen. Förklaringen löd att Sverige inte kan förbjuda färgämnen som tillåts i övriga EU.

Sötningsmedel

Allt som smakar sött är inte socker. Det finns många konstgjorda sötningsmedel och uppskattningsvis konsumeras 15 000 ton varje år av jordens befolkning. Ett av dem är Aspartam, 200 gånger sötare än vanligt socker. Sackarin är dubbelt så sött men där kan man känna en metallisk eftersmak vilken kamoufleras genom att kombinera det med Aspartam (lightläsk och lågkalorisylt). I vanlig läsk och andra produkter med hög sockerhalt används numera HFCS. Det är en sirap av majsstärkelse som behandlats med syror och enzymer och som därigenom blivit många gånger sötare än socker. Av ekonomiska skäl övergick läskindustrin till HFCS i början av 80-talet, och kunde då sänka sina kostnader för sötningsmedel med 20 procent. Syntetiska sötningsmedel finns även i många andra livsmedel som bredbara pålägg och skinka. Sukralos är ett annat naturfrämmande ämne som används i maten idag. Det är 500 gånger sötare än vanligt socker och kan jämställas med DDT. Klorföreningen i Sukralos kan inte brytas ned av naturen.

VAD BETYDER MÄRKNINGEN?

KRAV

Kontrollföreningen för ekologisk odling. Kontrollerar att reglerna för ekologisk odling och produktion uppfylls genom årliga besök hos medlemmarna. Reglerna innehåller miljökrav som att konstgödsel och syntetiska bekämpningsmedel inte får användas. I den ekologiska animalieproduktionen ställs höga krav på djuretik.

Bra Miljöval

Bra miljöval

Svenska Naturskyddsföreningens miljömärke. Med havet, skogen och luften i tankarna ställer Svenska Naturskyddsföreningen miljökrav för de produkter som ska få använda Bra Miljöval-märket.

Svanen

Officiella nordiska miljömärket som utfärdas i Sverige av SIS Miljömärkning. Produkterna måste uppfylla vissa miljökriterier som omprövas vart tredje år. Miljömärkning används på kemtekniska varor, hygienartiklar, maskiner, med mera.

Rättvisemärkt

En oberoende produktmärkning som garanterar odlare och anställda i utvecklingsländer förbättrade arbets- och levnadsvillkor samt en tryggare ekonomi. Demokratiutveckling, organisationsrätt och miljöhänsyn främjas. Barnarbete och diskriminering motverkas.

Demeter

Ideell konsumentförening som kontrollerar och auktoriserar biodynamisk växtodling, djurhållning, slakterier, butiker, förädlare, grossister och importörer. Svenska Demeterförbundets odlare måste även ansluta sig till EU:s kontrollsystem för att produkterna ska få marknadsföras som ekologiska.

BILLIGARE MAT ÄR SÄLLAN BÄTTRE MAT

Får, grisar och kor i det konventionella jordbruket får idag anpassa sig efter matindustrins allt tuffare villkor i jakten på lägsta pris. Tempot är snart lika snabbt som inom industrin och då hinner inte smakerna utvecklas. Maten fylls av konserveringsmedel, konstgjorda smaker, transfetter och färgämnen för att se godare ut och förlänga hållbarheten. Växter tar upp kemikalier bland annat genom sitt rotsystem. Gifterna sprids sedan vidare genom näringsväven, vilket gör att bröd och spagetti kan innehålla tungmetaller. I det ekologiska lantbruket används inga kemiska bekämpningsmedel. Ogräs- och skadeinsekter hålls i schack med förebyggande metoder, till exempel varierad växtföljd. På så sätt gynnas också den biologiska mångfalden. Resultatet blir att det inte läcker ut några gifter till yt- och grundvatten, övergödningen minskar och våra sjöar och hav återfår sin balans.

Det ekologiska jordbruket består av nöt, får, ett par grisar som bearbetar jorden och hönor som hjälper till med ogräsbekämpningen. Alla djur får göra det som de är bra på, utöver att producera kött, mjölk och ägg. Djuren får utlopp för sina naturliga beteenden och stressas inte in i produktion. Man utnyttjar det naturliga samspelet mellan växter och djur. En tillbakagång till ett gammaldags lantbruk eller en framtidsbild av det moderna ekologiska lantbruket?
”Matens värstingar” är Naturskyddsföreningens projekt för att ge oss konsumenter vägledning i att välja mat som gynnar miljö, djuromsorg, hälsa och global solidaritet. Konsumentmakt är ett viktigt komplement till politiken och därför erbjuder det här projektet en lättillgänglig vägledning.

RECEPTREGISTER

♥ = Vegetarisk rätt för miljöns bästa

Källor

A "Allt du behöver veta om glutamat", *Sveriges konsumenter i samverkan, 4 oktober 2007*

B "Bonddotter visar Monsantos makt" *av Susanne Gäre, Lantbrukets Affärstidning, 28 mars 2008*

"Billig kyckling? – fågelindustrin roten till influensan" *av P. Einarsson, Ekologiskt Lantbruk, 3/2006*

"Biodynamic wine – an audience with Nicolas Joly", *www.wineanorak.com*

C Carolas Eko *www.carolaseko.se*

D "Den hemlige kocken" *av Mats-Eric Nilsson, Ordfront, 2007*

Demeter *www.demeter.nu*

E "Ekogris – en handledning i ekologisk grisuppfödning" *av M Alarik m fl, Ekokött, Ekologiska lantbrukarna i Sverige, 2000*

"Ekologiskt i risfälten" *av Peder Gustafsson, Worldpress, ur En radioman i Laos, 25 januari 2008*

"Ekoviner har alltid funnits" *av Jens Dolk, Tasteline 31 maj, 2008*

"Ekologisk mat i storkök" *av Carola Magnusson, LTs förlag, 1998*

"Ekologisk lammuppfödning" *av M. Örtendahl, SLU, Institutionen för husdjurens utfodring och vård, 9/1997*

Ekologiska lantbrukarna *www.ekolantbruk.se*

F "Fågelinfluensan" *av Peter Einarsson, Ekologiskt lantbruk, 3/2006*

K KRAV *www.krav.se*

Konsumenter i samverkan *www.konsumentsamverkan.se*

M "Manna" *av Carola Magnusson och Karin Bille, Bokförlaget Langenskiöld, 2005*

"Matsalens mästare" *av Cecilia Bertilsson, Sveriges natur, 3/2007*

Marine Stewardship Council (MSC) *www.sv.msc.org*

N Nationalencyklopedin *www.ne.se*

P "Potatis besprutas upp till tolv gånger", *www.sund.nu, 3 april 2008*

R "Ren mat en mänsklig rättighet för barnen" *av Carina Malm, Livsmedel i fokus, 8/2007*

Rättvisemärkt *www.rattvisemarkt.se*

Renlycka *www.renlycka.se*

S Svenska Naturskyddsföreningen *www.snf.se*

Slowfood *www.slowfood.se*

Svanen *www.svanen.nu*

Sveriges lantbruksuniversitet *www.slu.se*

Svenska Jägareförbundet *www.jagareforbundet.se*

Skogsstyrelsen *www.skogsstyrelsen.se*

T "Tyst hav" *av Isabella Lövin, Ordfront, 2007*

"Tillsatser i livsmedel", *SLV 2002*

V "Veteodling i ett ekologiskt perspektiv" *av P. Müller, Kultura – biodynamisk tidskrift, 4/1996*

Världsnaturfonden *www.wwf.se*